€1,50

Die besten
Tipps für die
freie Mitarbeit

D1829832

Frechheit siegt!

Die besten Tipps für die **freie Mitarbeit**

Sabine Hertwig

Unter Mitarbeit von
Susanne Kliem

FALKEN

Im FALKEN Verlag sind weitere interessante Titel erschienen:
Selbstständigkeit und freie Mitarbeit (2655)
Kunden gewinnen als Selbstständiger (2093)
Achtung Scheinselbstständigkeit (60575)
Diese und zahlreiche weitere Titel zum Thema „Beruf & Karriere" erhalten Sie überall dort, wo es Bücher gibt.

Sie finden uns im Internet: **www.falken.de**

Der Text dieses Buches entspricht den Regeln der neuen deutschen Rechtschreibung.

Dieses Buch wurde auf chlorfrei gebleichtem und säurefreiem Papier gedruckt.

ISBN 3 635 60642 5

Umschlaggestaltung: Init GmbH, Bielefeld
Layout: Petra Zimmer, Idstein
Redaktion: Sabine Weeke/Sylvia Winnewisser
Zeichnungen: Gesine Grotrian-Steinweg, Berlin
Herstellung: Sandra Krumpholz
Satz: Raasch & Partner GmbH, Neu-Isenburg
Druck: fgb · freiburger graphische betriebe

817 2635 4453 6271

Inhalt

As *free*

... Ski-Schanze oder Schlitterbahn?

Wer hat je Miss Marple einen Vertrag unterschreiben sehen? Was verdient Sherlock Holmes bei seinen abenteuerlichen Einsätzen? Fragen, auf die auch wir Ihnen keine Antwort geben können. Falls Sie aber – noch! – keinen so legendären Ruf zu verteidigen haben wie diese berühmten „freien Mitarbeiter", dann sind Sie bei uns goldrichtig, denn hier geht es um Ihren erfolgreichen Start!

as a *bird*

Die Chancen auf dem Arbeitsmarkt

Sie meinen es also wirklich ernst?! Sie springen ins kalte Wasser? Sie tauschen den monatlichen Gehaltsscheck gegen eine finanzielle Schlittenfahrt, das kulinarische Mittagsvergnügen der Werkskantine gegen Dosenravioli, den neuesten Gaultier-Fummel gegen H&M ...?! Na klar, sagen Sie, und wir sagen: toll! Mutig, spannend, und vor allem ziemlich up to date!

In Zeiten, in denen Unternehmen immer mehr dazu übergehen, Arbeitsplätze abzubauen und einen immer größer werdenden Teil der anfallenden Arbeit von freien Mitarbeitern ausführen zu lassen, scheint die Bindung an eine bestimmte Firma und ein einziges, festes Berufsbild ungefähr so modern wie Oma Gerdas selbst gehäkelte Topflappen. Nicht umsonst heißen Personalvermittlungsagenturen heute „Jobhopper", spricht man von „Freelancern" und den „neuen Nomaden" – einer Generation von jungen Arbeitnehmern, für die beruflicher Erfolg ganz anders aussieht als für ihre Väter.

Erfolg heißt für sie zunächst, überhaupt einen Einstieg zu finden – frei nach dem Motto: „Der Arbeitsmarkt hat geschlossen, nur einer muss noch rein, und das bin ich!" – und sich dann unermüdlich von Job zu Job weiterzuhangeln, auf der Suche nach der Variante, die den eigenen Fähigkeiten und vor allem der Vorstellung von Lebensqualität am meisten entspricht. Und hier ist die Messlatte hoch gehängt: Wie uns in der Werbung täglich suggeriert wird, gibt es sie ja schließlich zuhauf, die erfolgreichen Karrieremacher in schicken Sportwagen, die auch noch Zeit für ihre Träume haben und sich zwischendurch eine frische Brise Meereswind durch ihre kreativ-komplexen Gehirnwindungen pusten lassen. Und wenn sie im Homeoffice am Bildschirm sitzen, krabbelt glücklicher Nachwuchs um ihre Beine herum. Kein Mensch weiß, wie so ein Leben funktionieren soll, aber der Anspruch darauf geistert ganz deutlich durch unsere Köpfe.

Wir wollen nicht mehr vierzig Jahre lang jeden Tag in den gleichen Bus steigen und die gleichen Kollegen sehen, selbst wenn uns jemand so viel Kontinuität und Sicherheit garantieren könnte. Wir wollen alles: Karriere, Abwechslung, einen anspruchsvollen Job, eine glückliche Beziehung, Zeit für den Partner, Freizeit, Hobbys, Kinder, Reisen ... Und vielleicht ist es gerade heute, wo die Chancen am Arbeitsmarkt so schlecht stehen wie selten, sogar leichter geworden, diesem Traum relativ nah zu kommen, einfach dadurch, dass starre Regeln aufgehoben werden, Flexibilität ein Muss geworden ist, wir alles Mögliche und Unmögliche ausprobieren können – nein, sogar müssen.

Die heutigen freien Mitarbeiter haben sich dieser Tendenz auf dem Arbeitsmarkt angepasst und sind damit in der Lage, auf gesellschaftliche und auch auf persönliche Veränderungen schnell und flexibel zu reagieren.

Doch bevor wir uns in die Vor- und Nachteile dieser Arbeitsform vertiefen, schauen wir uns zunächst einmal etwas genauer an, wovon hier eigentlich die Rede ist: Welche Formen der freien Mitarbeit gibt es? Was müssen Sie als freier Mitarbeiter wissen und beachten? In welchen Branchen und Bereichen haben Sie die besten Chancen, an Aufträge heranzukommen? Das sind einige der Fragen, auf die wir in diesem Kapitel eingehen werden. Bevor Sie also die Torte anschneiden dürfen, gibt's erst mal trocken Brot. Aber keine Sorge, wir werden uns alle Mühe geben, dass es nicht staubt!

In dubio pro definitionem

Der Begriff „Freie Mitarbeit" ist rechtlich nicht eindeutig definiert. Es gibt verschiedene Unterformen, die sich vor allem in steuerlicher Hinsicht unterscheiden. Zunächst mal, um allen Missverständnissen vorzubeugen, ein klarer Satz vorweg:

≈ **Als freier Mitarbeiter sind Sie selbstständig tätig.**

Sie tragen also ein Unternehmerrisiko, d. h. Sie sind für den wirtschaftlichen Erfolg bzw. Misserfolg Ihrer Arbeit selbst verantwortlich. Sie sind nicht an Weisungen gebunden. Sie bestimmen selbst über den Arbeitsumfang, Ihren Arbeitsplatz und Ihre Arbeitsbedingungen.

Puh, klingt schaurig, aber auch schön, oder?! Wahrscheinlich würde Oma Gerda jetzt beisteuern: „Tja-ja, ohne Fleiß kein Preis ..." – und sie hätte auch noch Recht. Aber jetzt wird nicht philosophiert, sondern definiert! Also weiter mit dem nächsten wichtigen Grundsatz:

≈ **Als freier Mitarbeiter unterliegen Sie nicht mehr der Sozialversicherungspflicht.**

Sie müssen also allein für Ihre Krankenversicherung und Vorsorge für das Rentenalter aufkommen. Ab Seite 91 behandeln wir alle finanziellen, rechtlichen und steuerlichen Aspekte noch ausführlicher.

≈ **Als freier Mitarbeiter haben Sie keinen Kündigungsschutz.**

Fazit: Ein freier Mitarbeiter hat weniger Sicherheit und höhere finanzielle Aufwendungen.
Hmm ... Klingt ja irgendwie alles nicht so toll. Aber warten Sie ab, es gibt durchaus auch ein paar Vorteile – dazu gleich mehr.
Vorher schauen wir uns allerdings erst mal näher an, in welchen Branchen freie Mitarbeiter überhaupt anzutreffen sind, und welche „Spielarten" der freien Mitarbeit Sie dort finden können.

Typische Betätigungsfelder für freie Mitarbeiter

- ≈ in der IT-Branche als Programmierer oder Netzwerk-Administrator
- ≈ in der Werbebranche als Texter oder Grafiker
- ≈ in der Medienbranche als freie Journalisten und Publizisten, Autoren, Ghostwriter, Übersetzer, Regisseure, Dramaturgen, Redakteure, Aufnahmeleiter, Kameramänner/-frauen etc.
- ≈ in der beratenden Branche als Psychologen, Referenten, Coachs, Seminarleiter etc.
- ≈ in der Kommunikationsbranche als PR-Berater, Marketing-Spezialisten, Event-Manager, im Messe-Hostess-Service etc.
- ≈ als Finanzdienstleister
- ≈ als freie Taxifahrer
- ≈ als Pharmareferenten
- ≈ als Verlagsvertreter

Weitere Formen freier Mitarbeit

Franchising

Hier handelt es sich um eine enge vertragliche Bindung zwischen Franchisegeber und Franchisenehmer. Der Franchisegeber verpflichtet sich, dem Franchisenehmer mit seinem Know-how, das heißt z. B. seinen Produktkenntnissen, Marketingstrategien etc. und mit seinem betriebswirtschaftlichen Fachwissen zu unterstützen, während sich der Franchisenehmer verpflichtet, sein Geschäft in Bezug auf Erscheinungsbild, Markenzeichen, Name des Betriebes und Unternehmensphilosophie nach den Vorgaben des Franchisegebers einzurichten. Was für den Außenstehenden wie eine Filiale eines Markenunternehmens aussieht, ist also in diesem Fall ein von einem selbstständigen Partner geführtes Geschäft.

Handelsvertreter und Vertragshändler

Als Handelsvertreter vermitteln Sie Ihrem Auftraggeber Geschäfte mit Kunden und kassieren für diese Tätigkeit eine fixe Summe plus eine Erfolgsprovision und ggf. eine Umsatzprämie. Ihre Aufgabe ist also die

Betreuung eines Kundenstammes, während das eigentliche Geschäft zwischen Auftraggeber und Endkunde abgeschlossen wird. Ein Beispiel hierfür sind Versicherungsvertreter.
Im Unterschied dazu bezieht ein Vertragshändler seine Produkte vom Hersteller und verkauft sie an den Endverbraucher weiter. Er ist also ein selbstständiger Zwischenhändler, der seinen Gewinn aus der Spanne zwischen Einkaufs- und Verkaufspreis erwirtschaftet. Typische Beispiele hierfür sind Autowerkstätten und Autohändler .

Subunternehmer

Ein wesentliches Merkmal kennzeichnet die Arbeit eines Subunternehmers: Er wird damit beauftragt, innerhalb eines festgelegten Zeitrahmens eine bestimmte Aufgabe mit Erfolg abzuschließen. Grundlage seiner Tätigkeit ist ein Werkvertrag und sein Honorar richtet sich nach Dauer und Umfang des abzuschließenden „Werkes".
Beispiele: Erstellen von Software-Programmen, Presse- und Öffentlichkeitsarbeit bei einem Theaterfestival, Regie für ein Fernsehspiel.

Werden Sie Ihr eigener Chef

Bei den freien Mitarbeitern haben wir es also mit einer bunten, schwer über einen Kamm zu scherenden, heterogenen Truppe von meist sehr kreativen, entscheidungsfreudigen, erfinderischen Leuten zu tun, die erstmal nur eines gemeinsam haben: Sie sind ihr eigener Chef.
Ob die freie Tätigkeit aus einer Not geboren wurde, weil die feste Stelle verloren ging oder sich drohende Arbeitslosigkeit nur auf diese Weise vermeiden ließ, ob sich ein unbequemer Querdenker nur schwer in eine Firma eingliedern kann, oder ob ein Lebenskünstler sagt, er möchte eben dann arbeiten, wenn es ihm Spaß macht ... Ob also freiwillig oder unfreiwillig: Die Motive, die sichere Welt der festen Nine-to-five-Jobs zu verlassen, sind so vielfältig wie die Grüntöne in der irischen Landschaft, und darum geht es ausführlich im nächsten Kapitel.

Pros & cons –

... aus dem Leben gegriffen

Kommen Sie mit auf einen Schnupperkurs in den beruflichen Alltag eines freien Mitarbeiters! Wie sieht das „tägliche Brot“ dieser Berufsgruppe aus? Wir haben festgestellt: Auf der Gratwanderung zwischen Freiheit und Abhängigkeit gibt es Berge und Täler, Dornenhecken und Rosengärten ...

Do's and don'ts

Zwei Seiten einer Medaille

Kommen wir also zu einem spannenden Thema, sozusagen der ersten Sahneschnitte, die Sie sich auf der Zunge zergehen lassen können (Oma Gerda würde Schwarzwälderkirsch „mit einem Kirsch extra“ bestellen ...). Aber Vorsicht, es lauern fette Kalorien! Auch bei der freien Mitarbeit gibt es natürlich – wie überall – Vor- und Nachteile, und um diese soll es jetzt gehen. Nun können ja die Arbeitsbedingungen freier Mitarbeiter branchenbedingt sehr unterschiedlich sein:

Ein **freier Texter** sitzt zu Hause an seinem Mac oder PC, eine Wärmflasche auf dem Bauch, eine Kanne Kaffee griffbereit, und telefoniert, wenn die Hirnzellen blockiert sind, erst mal eine Runde mit guten Freunden. Wenn's auch danach nicht besser ist: Schichtende! Mittags um eins ins Schwimmbad (ist eh die einzige Zeit, wo es so richtig schön leer ist), und vielleicht kommt ja abends die zündende Idee für den gesuchten Werbe-Slogan.

Hmmm ... klingt ja nicht schlecht – so viel Freiheit! Wenn da nicht auf der anderen Seite dieser Zeitdruck wäre. Der Kunde sitzt im Nacken, Abgabetermin in zwei Tagen. Da kann einem die Lust am leeren Schwimmbecken auch schnell wieder vergehen.

Ganz anders der Alltag eines freien **Senior Consultant in der PR-Branche**. „Frei wie ein Vogel“ und trotzdem zwölf Stunden täglich in der Agentur eingespannt. In der Firma stehen Waschmaschinen, damit nebenbei der „Haushalt“ gemacht werden kann, mittags bestellt man zu den Sushi die Masseurin gegen verspannte Schultern. Aber das Team ist toll, die Arbeit macht Spaß, gemeinsam Riesenprojekte zu stemmen ist ein berauschendes Gefühl. Und: Nach dem nächsten Projekt wird bestimmt alles anders! Es muss doch auch ruhiger gehen ...

Die **freie Grafikerin** weiß die Vorteile dieser Arbeitsform zu schätzen, denn sie ist Mutter eines dreijährigen Sohnes. Die Hälfte ihrer Zeit gehört dem Job, die andere Hälfte der Familie. Sie genießt die Freiheit, auch mal einen Job ablehnen zu können. Oder etwas anzunehmen, das finanziell zwar nicht der große Hit ist, aber inhaltlich richtig spannend. Nicht zu unterschätzen ist allerdings der organisatorische Aufwand,

den sie als „Freie“ hat: Rechnungen schreiben (leider auch die eine oder andere Mahnung), Quittungen sammeln, die Buchhaltung im Griff haben.

Der freie **Taxifahrer** kann selbst entscheiden, wie viel Stunden er hinter dem Steuer verbringt, aber eines vergisst er dabei nie: Was für ihn dabei rausspringt, hängt einzig und allein von seinem Arbeitseinsatz ab. Von nichts kommt eben nichts!

Dem freien **Journalisten** geht es in dieser Hinsicht nicht anders. Sein Job ist interessant und abwechslungsreich, aber manchmal ist er es Leid, der einsame Fighter zu sein. Intensive Recherche, gut vorbereitete Interviews, Qualitätskriterien – schön war's, als das noch jemand bezahlen wollte und konnte. Die Ellenbogen sind spitz, die Konkurrenz ist jung und macht alles für noch weniger Geld. Hauptsache, es geht schnell. Fakten, Fakten, Fakten, die Informationsgesellschaft ist gefräßig.

Einmal ins Plaudern geraten, könnte man die Liste dieser Beispiele ins Unendliche fortsetzen – so vielfältig sind die Lebensentwürfe und Bedingungen, die sich freie Mitarbeiter für ihre Arbeit schaffen. Einige Argumente für und wider sind aber durchaus als allgemein gültig zu betrachten; nehmen wir sie mal etwas systematischer unter die Lupe.

Die Vorteile für den Arbeitgeber

Was hat ein Arbeitgeber eigentlich davon, feste Stellen zu streichen und freie Mitarbeiter zu beauftragen? Was sind seine Vorteile?

- Er kann auf Schwankungen in der Auftragslage reagieren, indem er Arbeitskräfte flexibel einsetzt (projektbezogen, saisonbedingt).
- Er spart den Arbeitgeberbeitrag zur Sozialversicherung.
- Er kann seinen hohen Fixkostenanteil beträchtlich reduzieren und gegen einen variablen Kostenanteil ersetzen.
- Er muss keinerlei Kündigungsschutz beachten.
- Er kann den Einfluss von Betriebsrat und Gewerkschaften, in denen freie Mitarbeiter natürlich nicht vertreten sind, schmälern.

Na, der hat's gut! Wenn Sie jetzt lieber Arbeitgeber als freier Mitarbeiter werden wollen, haben wir vollstes Verständnis ... Aber ganz so einfach ist es auch wieder nicht! Denn Sie als freier Mitarbeiter haben ebenfalls ein paar Vorteile auf Ihrer Seite und die wollen wir Ihnen natürlich nicht vorenthalten ...

Ihre Vorteile als freier Mitarbeiter

- **Freie Zeiteinteilung:** Sie können sich Ihre Zeit frei einteilen. Der Auftraggeber kann Ihnen keine festen Arbeits- und Anwesenheitszeiten vorschreiben. Wenn er Sie in Arbeitsabläufe und Produktionsprozesse, die nach festen Arbeits- oder Schichtplänen ablaufen, einbauen will, muss er das vorher mit Ihnen abstimmen.
- **Urlaubsregie:** Sie können Urlaub machen, wann Sie wollen. (Nur bezahlt wird er leider nicht!)
- **Gleichberechtigtes Verhältnis:** Der Arbeitgeber ist nicht „Vorgesetzter", sondern „Kunde", d.h. er ist Ihr gleichberechtigter Geschäftspartner, und Sie sind nicht in feste hierarchische Strukturen eingebunden wie ein Arbeitnehmer.

- **Kein Verbot von anderen Tätigkeiten:** Während sich in den meisten festen Arbeitsverträgen die Klausel befindet: „Nebentätigkeiten sind nur mit ausdrücklicher Genehmigung des Arbeitgebers gestattet ...“, haben Sie als freier Mitarbeiter eindeutig das Recht, frei zu wählen, für welchen Auftraggeber Sie wann tätig werden wollen.

Na, ist ja alles schön und gut, aber wir hören immer nur von Vorteilen. (Oma Gerda würde sagen: „Nachtigall, ick hör dir trapsen!“) Da muss doch auch ein fetter Haken dran sein. Tja, da wäre nun natürlich noch das Kleingedruckte ...

Holzauge – sei wachsam (Teil 1)

Zunächst mal können Sie die oben aufgeführte Liste mit den „Vorteilen des Arbeitgebers“ so nehmen wie sie ist und in „Nachteile für den freien Mitarbeiter“ umbenennen! Das heißt konkret im Einzelnen:

- Man setzt Sie flexibel ein = Sie können sehen, wo Sie bleiben, wenn die Auftragslage mal nicht so rosig ist.
- Sozialabgaben = Da der Auftraggeber sie nicht zahlt, müssen Sie selber dafür aufkommen.
- Sie haben keinen Kündigungsschutz = Sie könnten vom einen auf den anderen Tag keine neuen Aufträge mehr bekommen.
- Den Verdienstausfall für urlaubs- oder krankheitsbedingte Abwesenheit tragen Sie selbst.

„Wie war in Köln es doch vordem, mit Heinzelmännchen so bequem ...“ – so ungefähr ist es auch mit den freien Mitarbeitern, den fleißigen, allzeit bereiten, flexibel einsetzbaren Gesellen, die nachts hereinhuschen und emsig die Arbeitsberge wegschaffen. Na ja, sagen wir, oder so ähnlich ...

Holzauge – sei wachsam (Teil 2)

Daraus folgen einige überaus wichtige Aspekte, mit denen Sie sich als angehender freier Mitarbeiter intensiv auseinander setzen (und die Sie sich vielleicht auch für eine Weile an den Badezimmerspiegel hängen) sollten. Als freier Mitarbeiter

- sind Sie für Ihre berufliche Existenz ganz allein verantwortlich und müssen mit dem Risiko leben, Ihr Kapital zu verlieren.
- sind Sie immer in einer Wettbewerbssituation und müssen sich Marktveränderungen flexibel anpassen.
- können Sie sich nie auf Ihren Lorbeeren ausruhen, sondern müssen Ihre Leistungskraft ständig neu unter Beweis stellen.
- ist Ihr Einkommen nicht genau vorher bestimmbar und Sie müssen mit – unter Umständen – starken Schwankungen im Portemonnaie leben.
- müssen Sie selbst Vorsorge für die Zukunft treffen, sowohl was Ihre berufliche Existenz als auch was Ihre Altersabsicherung angeht.

„Hol's der Geier", meint Oma Gerda und sie kann es beurteilen. „Grau ist alle Theorie", sagen wir. Denn ob Vorteil oder Nachteil, in der beruflichen Praxis sehen die Freiheiten und Zwänge dann doch noch mal ein bisschen anders aus. Auf viele Ihrer Rechte und Freiheiten werden Sie gern verzichten, wenn es Ihr Auftraggeber wünscht, ganz einfach deswegen, weil er am längeren Hebel sitzt und Sie den nächsten Auftrag wieder kriegen wollen.
Konkretes Beispiel: Natürlich DÜRFEN Sie Ihre Zeit frei einteilen – aber würden Sie sich erst mal den halben Tag ins Café setzen und Zeitung lesen, wenn dem Auftraggeber das Wasser bis zum Halse stünde und ein Problem sofort gelöst werden müsste? Sicher nicht, auch wenn die Sonne noch so schön scheint.
Also: Es ist wichtig und gut, seine Rechte zu kennen, aber das Leben selbst besteht bekanntlich aus vielen kleinen Kompromissen. Und damit kommen wir zu dem, was Sie sich demnächst hübsch gerahmt übers Bett hängen sollten:

Die zehn Gebote des freien Mitarbeiters

1. Du sollst deinen Kunden wie einen König ehren!

2. Du sollst Prioritäten setzen und Kunden, die den Königstitel nicht verdienen (also schlecht bezahlen oder chaotisch arbeiten), mit Gelassenheit begegnen! (Und dir bessere suchen!)

3. Du sollst bei einem neuen Auftrag immer den eigenen Kosten/Nutzen-Faktor vor Augen haben.

4. Du sollst bei Blackout oder Burnout eine Auszeit nehmen. (Als freier Mitarbeiter kannst du es Dir leisten!!)

5. Du sollst selbst Qualitätskriterien für deine Arbeit entwickeln! (Oft kriegst du nur dein eigenes Feedback!)

6. Du sollst Eigeninitiative ergreifen und immer auf dem neuesten Stand sein. (Zeitung lesen, Fernsehen, Internet-Surfen ...)

7. Du sollst deine freien Kollegen nie unterschätzen, sonst übernehmen sie deinen nächsten Job.

8. Du sollst deine festen Kollegen ehren, denn sie sitzen an der Quelle der internen Informationen!

9. Du sollst „Nein" sagen, wenn du ausgebeutet wirst.

10. Du sollst „die Ehe brechen" und für mehrere Auftraggeber tätig sein.

Erwartungen

Bleiben wir noch einen Moment beim Thema Kunden, Kompromisse, Konkurrenz, und gehen wir weiter auf Schnupperkurs, was Sie im beruflichen Alltag als freier Mitarbeiter erwarten könnte. Ein wesentlicher Faktor dabei ist natürlich, ob Sie Ihrer Tätigkeit zu Hause nachgehen oder Ihren Arbeitsplatz in einer Firma haben. Beides birgt gewisse Vorteile und Risiken, wie die folgenden Beispiele zeigen.

Schwarze Löcher im Weltall

Bettina ist freie Mitarbeiterin einer Synchronfirma für Fernsehserien und schreibt Synchron-Dialogbücher, das heißt, sie sitzt zu Hause, verschanzt hinter ihrem Videorekorder links und ihrem Computer rechts, und bastelt kunstvolle Sätze zusammen, die exakt auf die Lippenbewegungen der Filmfiguren passen und sich nebenbei auch noch anhören wie deutsche Umgangssprache.

Für ein Dialogbuch braucht sie vierzehn Tage, einen schriftlichen Vertrag gibt es nicht, und sie weiß auch nie, ob sie für die nächsten zwei Wochen wieder einen Auftrag bekommt. Ist ein Buch fertig, tut sich das große schwarze Loch auf und verschluckt es, genau gesagt, es verschwindet im Synchronstudio, wo Sprecher den Text aufnehmen. Bettina hört nichts mehr darüber, es gibt kein Lob, keine Kritik, kein Feedback, keine Motivation. Trotzdem macht ihr der Job Spaß und sie bekommt regelmäßig Aufträge. Bettinas Schlussfolgerung aus dieser Tatsache: Ich mache den Job sehr gut, sonst würde ich keine neuen Bücher kriegen! Sie entwickelt (notgedrungen!) ihre eigenen Qualitätskriterien und findet nicht, dass Eigenlob stinkt. Würde sie an ihren Fähigkeiten zweifeln, wäre diese Art von Tätigkeit nicht durchzuhalten. Sie kann sich nur dann auf Dauer allein motivieren, wenn sie an sich und ihre Begabung glaubt.

Die Eier legende Wollmilchsau

Thomas ist einer der so genannten „freien freien“ Mitarbeiter des öffentlich-rechtlichen Rundfunks. Ja, Sie haben richtig gelesen: „freie freie“ Mitarbeiter! Das ist kein Tippfehler – es gibt nämlich auch noch die „festen freien“ Mitarbeiter. Thomas macht nun im Prinzip als Redakteur der Sendung *Schnittpunkt* die gleiche Arbeit wie die „festen Freien“ und die fest angestellten Mitarbeiter, nur mit dem Unterschied, dass Thomas vollkommen flexibel eingesetzt werden kann, je nachdem wo Not am Mann ist. Und so staffelt sich das Team in der Redaktion in eine „Dreiklassengesellschaft“: Während die „freien freien“ wirklich den Status eines freien Mitarbeiters mit allen zuvor genannten Bedingungen erfüllen, sieht das Leben der so genannten „festen freien“ schon ganz anders aus: Sie genießen einen so genannten Bestandsschutz, d. h. ein bestimmter Tätigkeitsumfang, der mit dem Erreichen eines festgelegten Jahreshonorars verknüpft ist, wird ihnen garantiert. Sie bekommen Urlaubsgeld, zahlen Sozialabgaben und nähern sich also doch schon beträchtlich dem Status eines fest angestellten Mitarbeiters an. Aber eine feste Planstelle gibt es für sie eben nicht.

In Stichpunkten zusammengefasst können wir also festhalten:

Als freier Mitarbeiter, der zu Hause arbeitet, sind Sie ...

- unabhängig;
- frei in Ihrer Zeiteinteilung;
- isoliert;
- von internen Informationen (mehr oder weniger) abgeschnitten;
- auf Eigenmotivation angewiesen.

Der Arbeitgeber ...

- freut sich, dass ihm keine Kosten für Ihren Arbeitsplatz entstehen;
- erwartet Sorgfalt und Termintreue von Ihnen.
- setzt mehr Flexibilität bei Ihnen wie bei seinen festen Mitarbeitern voraus.

Wenn Sie als freier Mitarbeiter in einem Unternehmen arbeiten, sind Sie ...

≈ häufig in ein Team integriert;
≈ nur scheinbar frei in Ihrer Zeiteinteilung;
≈ müssen Sie jeden Tag neu beweisen, dass Sie gebraucht werden;
≈ sind Sie im direkten Umgang Dienstleister für einen Kunden.

Mal ehrlich ...

Was antworten SIE eigentlich auf die berühmte Partyfrage: „Na, und was machst du eigentlich so?" Also ich beneide in so einem Moment immer glühend meine Freundin Angelika, die mit einem knappen „Ich bin Steuerberaterin" jegliche Unklarheiten vom Tisch wischt. Warum muss bei mir alles so kompliziert sein?! Warum mache ich jedes halbe Jahr was Neues; warum fällt mir auf die berühmte Frage nicht EINE schöne Berufsbezeichnung, sondern gleich mindestens fünf davon ein ...?!

„Also, weißt du, ich habe in den letzten Jahren in verschiedenen Bereichen der Medienbranche gearbeitet, als Texterin und Drehbuchautorin, zwischendurch aber auch immer mal wieder bei Theaterfestivals, meist aber in PR-Agenturen aus dem Film- und Fernsehbereich ..." Woraufhin sich dann der Fragesteller verzweifelt dem Buffet zuwendet oder in leicht genervtem Tonfall kontert: „Ja, aber WAS IST DEIN BERUF??" –

„Na ja", sage ich dann und zucke mit den Schultern: „Ich bin freie Mitarbeiterin ..."

Der Arbeitgeber ...

- betrachtet Sie als Dienstleister;
- erwartet entgegenkommendes und flexibles Verhalten;
- setzt auf Ihr kreatives und innovatives Potenzial;
- sieht in Ihnen seinen Berater bzw. Problemlöser.

Nun könnten Sie natürlich anmerken, dass sich ein fest angestellter Arbeitnehmer diese Punkte genauso zu Herzen nehmen sollte, und natürlich haben Sie Recht! Das sollte er, denn welche Stelle ist heutzutage noch wirklich sicher? Fakt ist jedenfalls: Ein freier Mitarbeiter muss eine gute Leistung bringen, sonst gibt es keinen Grund, ihn weiter zu beschäftigen.
Oder, wie Oma Gerda sagen würde: „Ein Onkel, der was mitbringt, ist besser als eine Tante, die Klavier spielt." Oder so ähnlich ...

Do's and don'ts

Wie überall können Sie auch als Selbstständiger positiv oder – ganz schlecht für den Einstieg – negativ auffallen. Was kommt beim Auftraggeber gut an, und welche Fehler sollten Sie als freier Mitarbeiter lieber nicht machen?

Do's für eine erfolgreiche Zusammenarbeit

- Verantwortungsgefühl: Sehen Sie Ihre Tätigkeit im Zusammenhang, d. h. denken Sie mit.
- Teamfähigkeit: Unterstützen Sie Ihre Kollegen, auch wenn Sie nicht fest dazugehören.
- Loyalität: Beweisen Sie auch als freier Mitarbeiter Loyalität gegenüber der Firma/den Firmen, für die Sie arbeiten.
- Gegenseitige Information: Unterrichten Sie Ihren Auftraggeber frühzeitig über Ihre zeitlichen Pläne, damit er sich personell darauf einstellen kann. (In der Hoffnung, dass er das Gleiche tut ...!)

Don’ts, die es zu vermeiden gilt

≈ Unzuverlässigkeit und Unpünktlichkeit: Wenn Sie Ergebnisse Ihrer Arbeit für einen bestimmten Zeitpunkt zugesagt haben, kommt verspätete Abgabe gar nicht gut an!

≈ Planen Sie nicht Ihren Wintersporturlaub gerade dann, wenn der Laden im Endjahres-Stress ersäuft.

Okay, nun haben Sie schon ein bisschen Stallgeruch geschnuppert und eine ungefähre Vorstellung davon, wie das „tägliche Brot“ eines freien Mitarbeiters aussehen könnte. Aber hier geht’s ja schließlich nicht um Hinz und Kunz und Heinz und Gisela, sondern um Sie! Ja, genau, um Sie ganz persönlich. Im nächsten Kapitel stehen deshalb Ihre Ausgangsposition und Ihre persönlichen Motive für eine freiberufliche Tätigkeit im Mittelpunkt.

Your vision –

... wohin des Wegs so schnell?

Wo stehen Sie jetzt und welches Ziel wollen Sie erreichen? Wer auf seinem Weg keinen inneren Kompass hat, verirrt sich schnell im dichten Gestrüpp des Job-Dschungels. Und wer nicht enttäuscht werden will, sollte genau wissen, was er von seinem Job erwartet ...

your future

Der erfolgreiche Einstieg

Schön, dass Sie noch da sind, mit Ihrem Rucksack voller Energie und Enthusiasmus! Wir versprechen hiermit auch feierlich, dass es bald zur Sache geht und Sie auf Ihre potenziellen Kunden losgelassen werden! Vorher steht allerdings noch ein wenig Innenschau an, denn bevor Sie lossprinten, sollten Sie genau wissen, welches Ziel Sie eigentlich erreichen wollen. Und Sie sollten herausfinden, ob dieses Ziel auch realistisch gesetzt ist, denn was nützt ein dickes Bündel an gutem Willen, wenn der angestrebte Job nicht wirklich Ihren Fähigkeiten und Neigungen entspricht?
Nehmen Sie sich also die Zeit für eine kleine Bestandsaufnahme – das heißt nichts anderes, als dass Sie sich ganz klar darüber werden, wo Sie jetzt stehen und was Ihre wahren Motive für den Schritt in die Selbstständigkeit sind. Gesucht ist, kurz gesagt: Ihre Vision!

Wo stehen Sie jetzt?

Der erste Schritt hin zu Ihrer Vision ist ganz und gar simpel und unspektakulär: Suchen Sie aus der folgenden Liste aus, welche berufliche Ausgangslage auf Sie zutrifft.

Ihre derzeitige Situation

- ***Sie sind Berufsanfänger/in.***
- ***Sie haben eine feste Stelle und wollen sich aus eigenem Antrieb verändern.***
- ***Sie sind arbeitslos und wollen das schleunigst ändern.***
- ***Sie sind bereits freie/r Mitarbeiter/in und wollen sich verändern bzw. Ihren Kundenstamm vergrößern.***

„Uzefids" oder „Duzudl"?

Ja, sind wir jetzt denn vollkommen durchgedreht?! Im Gegenteil, Sie werden gleich sehen, dass sich die Gruppe der freien Mitarbeiter dieser Welt in zwei überschaubare Hälften teilen lässt: Es gibt die „Uzefids" und es gibt die „Duzudl".

≈ „Uzefids" = **U**ns **z**ieht **e**s **f**reiwillig **i**n **d**ie **S**elbstständigkeit.
≈ „Duzudl" = **D**ie **U**mstände **z**wingen **u**ns **d**azu, **l**eider.

Also, Hand aufs Herz: Zu welchem Stamm gehören Sie? Oder sind Sie eine Mischung aus beiden, was auch manchmal anzutreffen ist, also ein so genannter „Duzufids"?!

≈ Duzufids = **D**ie **U**mstände **z**wingen **u**ns **f**reiwillig **i**n **d**ie **S**elbstständigkeit.

Oma Gerdas Kommentar dazu wollen wir Ihnen lieber ersparen ... Aber Sie müssen zugeben, der „Duzufids" ist nicht unbedingt ein Widerspruch.
Lassen Sie uns noch einen Moment weiter philosophieren. Das nächste Zitat könnte als Motto über diesem Buch stehen, denn für jeden freien Mitarbeiter hat das Wörtchen „Freiheit" so seine Bedeutung – ob nun eine positive oder negative ...

„Freedom is just another word for nothing left to lose ..." (Janis Joplin)
(„Freiheit bedeutet, nichts mehr zu verlieren zu haben")

Sind Sie ein „Uzefids" oder ein „Duzufids", dann lassen Sie diesen klugen Satz einen Moment in sich einsickern. Setzen Sie ihn in Bezug zu Ihrer eigenen beruflichen Situation, und schreiben Sie in die folgenden Leerzeilen, was Ihnen dabei durch den Kopf geht.

....

....

....

To be free or not to be ...

Tja-ja, Freiheit ist etwas sehr Schönes, aber auch Risikoreiches, Gefährliches, Einsames ...
Wer arbeitslos ist, kann resignieren und behaupten, es gibt ja sowieso keine Stellen. Dann ist er das Gegenteil von „frei“: Er macht sich abhängig von den äußeren Umständen, der schwierigen Situation auf dem Arbeitsmarkt.
Er könnte sich aber auch sagen: Ich kann wählen, was ich als Nächstes tun werde. Ich bin frei in meiner Entscheidung und kann alles Mögliche ausprobieren! Du hast keine Chance, also nutze sie! Was soll's, ich habe nichts zu verlieren! Klingt irgendwie Erfolg versprechender, oder?!
Gleichzeitig ist „Freiheit“ natürlich immer auch mit „Angst“ verknüpft. Freiheit ist das Gegenteil von Sicherheit. Wer Neues ausprobiert, unbekannte Wege einschlägt, Herausforderungen annimmt, läuft immer auch Gefahr, danebenzugreifen, Fehler zu machen, zu versagen. Das kann der arbeitslosen Couch-Potato nicht passieren. Auf dem heimischen Sofa ist es warm und (scheinbar) sicher. Aber nichts entwickelt sich weiter, und das ist doch viel schlimmer, als mal ein paar Fehler zu machen!
Als freier Mitarbeiter haben Sie (hoffentlich mit unserer Hilfe sehr bald!) die freie Wahl, für wen Sie wann wie viel arbeiten wollen. Aber auch in der größeren Unabhängigkeit als freier Mitarbeiter sind Sie noch von vielem abhängig: vom Informationsfluss durch die festen Mitarbeiter, von der Zahlungsmoral der Firmen, von der Fairness des Auftraggebers.
Also: Nothing left to lose? Leider nicht ganz, es gibt immer etwas zu verlieren, und wenn es nur ein guter Kunde ist ...

Akquisition, nicht Bewerbung

Sie werden merken, dass wir in diesem Buch nicht von Bewerbungsstrategie, -unterlagen, -briefen oder Vorstellungsgesprächen sprechen, sondern von Akquisitionsstrategie, Verkaufsprospekten, Kontaktbriefen, Informationsgesprächen etc ... Das soll Ihnen bei jedem Schritt bewusst machen, dass Sie als Selbstständige/r nicht einem Chef gegenübertreten, sondern einem gleichberechtigten Geschäftspartner, der von Ihnen als Kunde betreut wird. Da sich Auftraggeber das oft nicht so klar machen, und eben doch gerne den Chef raushängen lassen, ist es um so wichtiger, dass bei Ihnen diese innere Haltung fest verankert ist. Wenn Sie vorher fest angestellt waren und Ihnen diese neue Position noch schwer fällt, sollten Sie sich eine Liste mit kurzen Sätzen anlegen, die Ihren Status stichpunktartig beschreibt, und diese mal wieder an den berühmten Badezimmerspiegel kleben oder als Bildschirmschoner verwenden – egal, jedenfalls so anbringen, dass Sie mehrmals täglich daran erinnert werden.

Das Gefühl der Freiheit

Notieren Sie Sätze wie ...

- ***Ich bin für mich selbst verantwortlich.***
- ***Ich kann meine Auftraggeber frei wählen.***
- ***Ich überprüfe meinen Kosten/Nutzen-Relation.***
- ***Ich bin unabhängig.***
- ***Ich kann selbst entscheiden.***

....

....

....

Nehmen Sie unsere Beispiele als Anregung und finden Sie Ihre eigenen Sätze, die das unverwechselbare Freiheitsgefühl eines freien Mitarbeiters in Ihnen auslösen.

Entdecken Sie Ihre Stärken

Machen Sie jetzt den großen „Uzefids"-Test! Anhand der folgenden Fragen können Sie nämlich überprüfen, ob Sie auch wirklich ein echter „Uzefids" sind. Es geht also hier um Ihre persönlichen Voraussetzungen für eine Laufbahn als freier Mitarbeiter. Antworten Sie selbstkritisch, aber spontan!

Checkliste: Sind Sie ein echter Freier?

- *Sind Sie kontaktfreudig und gehen gern auf Menschen zu?*
- *Können Sie gut über Ihre Stärken und besonderen Fähigkeiten sprechen?*
- *Können Sie andere leicht überzeugen und für Ihre Ideen begeistern?*
- *Sind Sie flexibel genug, sich schnell auf ein neues Umfeld, neue Kollegen, neue Berufsbedingungen einzustellen?*
- *Sind Sie in der Lage, schnell neue inhaltliche Arbeitszusammenhänge zu erfassen?*
- *Sind Sie bereit, mit unregelmäßigen Arbeitszeiten klarzukommen?*
- *Können Sie sich vorstellen, auch mal ein paar Nächte und Wochenenden durchzuackern?*
- *Haben Sie Reserven, um finanziell magere Zeiten zu überstehen?*
- *Ist Ihr/e Partner/in bzw. Ihre Familie bereit, Sie in Stressphasen und Durststrecken zu unterstützen?*
- *Sind Sie bereit, Ihre fachlichen Kenntnisse ständig zu erweitern und der Marktlage anzupassen?*
- *Verfügen Sie über genügend Selbstdisziplin und können sich selbst zur Arbeit motivieren?*

- *Behalten Sie in Stress- und Krisensituationen einen kühlen Kopf?*
- *Betrachten Sie Fehler als eine Chance, etwas Neues zu lernen?*
- *Haben Sie genug Durchsetzungskraft, um als Einzelkämpfer für Ihre Interessen einzustehen?*

Na, alles mit „Ja" beantwortet? Und nicht geschummelt?! Klar, wir geben zu, dass es schwer ist, auf diese Fragen so abstrakt zu antworten. Aber es geht ja vor allem um Ihr Gefühl bei der Sache. Gefällt Ihnen die Vorstellung von dem Leben, das sich bei diesen Fragen vor Ihnen auftut? Verspüren Sie einen angenehmen Kitzel bei der Idee von ständiger Herausforderung? Oder sitzt irgendwo ein kleiner Mann im Ohr, der warnend flüstert: Das schaffst du nicht allein ...?
Wenn Sie bei mehr als drei der Fragen Magengrummeln bekommen, raten wir Ihnen, in sich zu gehen und zu untersuchen, bei welchen konkreten Punkten sich Ihre Bedenken melden. Stoßen Sie auf schwer-

wiegende Hindernisse, dann sollten Sie noch mal in Ruhe überdenken, ob die freie Laufbahn für Sie der richtige Weg ist. Sind es Hindernisse, die sich mit etwas Zeit und entsprechender Anstrengung bzw. Weiterentwicklung Ihrerseits beseitigen lassen, dann vertagen Sie Ihren Absprung, krempeln Sie die Ärmel hoch und los geht's! Ist die Selbstständigkeit Ihr Weg, dann wird sie das auch nach einem kleinen Aufschub noch sein – und Sie starten besser vorbereitet und mit voller Überzeugung!

Was Sie brauchen, ist eine Vision

Klingt ja alles schön und gut: Neue Wege gehen, ausprobieren, die Herausforderung suchen ...! Wer aber sagt Ihnen, wo es lang geht? Welchen Weg Sie einschlagen sollen? Fragen Sie niemanden, außer sich selbst. Schielen Sie nicht auf andere, es gibt kein Modell, keine Regeln. Woraus besteht Ihr innerer Kompass? Aus Ihren Träumen, Ihrer Vision davon, wie Sie leben – und arbeiten wollen.

Mal ehrlich ...

Lieber frisch verliebt oder solide verheiratet? Lieber die prickelnde Erotik, der Reiz des Neuen, die Aufregung vor dem Rendezvous, das Telefon mit unter die Dusche nehmen ...? Oder die gemeinsame Buntwäsche, die lieben Gewohnheiten, die kleinen Machtkämpfe, das blinde Vertrauen ...? Kurz gefragt: Lieber freier Mitarbeiter oder fest angestellt?!
Interner Knatsch, Intrigen, Strukturprobleme dürfen die fest Angestellten austragen. Sie sind Gast auf der Party, aber das Aufräumen am nächsten Morgen ist Sache der anderen! Nur – immer wieder ein One-night-Stand, das kann auf Dauer auch ganz schön anstrengend sein!

Sie merken schon, es steht also keineswegs die Frage im Vordergrund: In welcher Branche sind meine Chancen am größten? Wo gibt es die meisten Jobs? Wo habe ich die besten Aussichten?
Nein, denken Sie genau anders herum! Fragen Sie:
Was tue ich am liebsten? Wo liegen meine Talente? Wie will ich meine Arbeitszeit (und damit einen großen Teil meiner Lebenszeit) verbringen? Oder – kurz und knapp formuliert:

- Was kann ich?
- Was will ich?

Wer sich über seine Fähigkeiten und seine Motive, etwas zu tun, nicht im Klaren ist, kann auch andere nur schwer von sich und seiner Qualifikation überzeugen. Jeder Auftraggeber weiß: Ein Mitarbeiter, der motiviert und engagiert ist, arbeitet besser als ein „Lückenbüßer“, der den Job nur deswegen genommen hat, weil Jobs heutzutage so schwer zu kriegen sind.
Deshalb geht es zwangsläufig in jedem Vorstellungs- oder Akquisitionsgespräch auch um die Frage nach Ihrer Motivation („Warum wollen Sie bei bzw. für uns arbeiten?“) „Des Menschen Wille ist sein Himmelreich“ – klar, das stammt mal wieder von Oma Gerda. Die Frau hat's drauf, denn es ist wirklich so: Was Sie mit jeder Faser Ihres Herzens wollen, das kriegen Sie auch. Weil Sie die Motivation haben, es sich zu holen!
Den meisten Menschen fällt es schwer, abstrakt über ihre Stärken und ihre Motivation zu sprechen. Es ist aber extrem wichtig, dass Sie in der Lage sind, eine präzise, knackige Antwort auf die Fragen „Was können Sie?/Was wollen Sie?“ zu formulieren. Nur so können Sie einen potenziellen Auftraggeber oder Kunden von sich überzeugen. Denken Sie schon mal darüber nach – wir kommen im Kapitel „Vorbereitung ist alles“ (S. 84) noch mal darauf zurück.

Angebot und Zielgruppe

Prima, schon sind wir einen großen Schritt weiter! Und nun, wo Sie sich über Ihre Fähigkeiten und beruflichen Vorstellungen im Klaren sind, dürfen Sie sich auch an die nächste Frage heranwagen:

≈ **Wo können Sie Ihre Talente und Interessen einsetzen und wer bezahlt Sie dafür?**

Oder anders gefragt: Wo wird Ihr spezielles Know-how gebraucht, wessen Probleme können Sie lösen, welcher Firma sind Sie von Nutzen? Kurz: Wer sind Ihre potenziellen Kunden und Auftraggeber?

Es reicht allerdings nicht aus, wenn Sie für sich der Meinung sind, Sie könnten irgendwelchen Auftraggebern von Nutzen sein. Es ist eine absolute Bedingung, dass Sie sich wirklich gut und umfassend darüber informieren, wo ein Bedarf besteht, den Sie mit Ihrer Dienstleistung oder Tätigkeit abdecken können. Lernen Sie also Ihre potenziellen Kunden kennen!

Nun gucken Sie nicht so fragend aus der Wäsche. Lesen Sie unser Beispiel und schon wird klar, was gemeint ist:

Schreiben ist Silber, Reden sind Gold

Horst ist ein Schreibtalent und will sein Geld als freier Autor verdienen. Sein Steckenpferd ist das Verfassen von Reden, egal zu welchem Anlass sie benötigt werden. Ob ein neuer Autobahnzubringer eingeweiht wird, Tante Frieda ihren achtzigsten Geburtstag oder der Taubenzüchterverein sein fünfzigjähriges Jubiläum feiert – überall werden Reden gehalten und überall brauchen freiwillige oder unfreiwillige Redner Hilfe bei der Formulierung der feierlichen Worte.

Angebot und Nachfrage sind also in jedem Fall vorhanden, nur stellt sich nun für Horst die Frage, wie er seine „Kunden" erreichen und über sein Angebot informieren kann.

≈ Erster Schritt: Horst verfasst eine genaue Definition seines Angebots. Dieses lautet:

> „Ghostwriter verfasst individuell, zuverlässig und preisgünstig Reden zu öffentlichen und privaten Anlässen."

≈ Zweiter Schritt: Horst informiert sich zunächst ganz allgemein, bei wem Bedarf an seinem Angebot vorhanden sein könnte.

Theoretisch hat er es mit einem sehr großen Kundenkreis zu tun, denn überall dort, wo sich Menschen im öffentlichen Raum zu größeren Gruppen zusammenschließen, entsteht die Situation, dass einer stellvertretend für viele das Wort ergreift. Und schon muss wieder eine Rede geschrieben werden. In seiner Heimatstadt und dem umliegenden Landkreis gibt es diverse Vereine und Verbände, die infrage kommen; gleichzeitig will Horst sich auch an die Stadtverwaltung und lokale Politprominenz wenden, obwohl er weiß, dass in diesem Bereich die Ghostwriter meist aus den eigenen Reihen der Partei rekrutiert werden. Horst recherchiert dazu im Internet und in den lokalen Medien.

≈ Dritter Schritt: Horst erstellt eine Liste von potenziellen Auftraggebern.

So, an dieser Stelle erst mal stopp, wir werden später erfahren, wie es Horst dann weiter ergangen ist. Halten wir die ersten Schritte, die für Horsts Akquisitionsvorbereitung nötig waren, noch mal fest:

Checkliste Akquisevorbereitung

- ***Erster Schritt: Das Angebot genau definieren.***
- ***Zweiter Schritt: Recherchieren, bei wem ein Bedarf für das Angebot vorhanden sein könnte.***
- ***Dritter Schritt: Liste von potenziellen Auftraggebern erstellen.***

Auf den Punkt gebracht – formulieren Sie Ihr Angebot

Okay, nun sind Sie dran! Was wir brauchen, ist eine möglichst präzise Definition der Dienstleistung oder Tätigkeit, die Sie Ihren Kunden oder Auftraggebern anbieten wollen.

Ihr Angebot

Formulieren Sie Ihr persönliches Angebot und tragen Sie es in die Leerzeilen ein!

....

....

....

....

Was, die Zeilen reichen nicht?! Dann Tipp-Ex her (falls es in Ihrem Haushalt noch welches gibt), und alles retour! Ihr Angebot soll Ihren Kunden ins Mark treffen, und sich nicht lesen wie die Bedienungsanleitung eines Videorekorders. Im Gegenteil: Es soll präzise, kurz und knackig sein!

Aber Vorsicht: Verlieren Sie sich nicht in Allgemeinplätzen! „Ich löse kompetent, schnell und kreativ Ihre Umsatzprobleme." Aha! Und wie, bitte schön?! Wenn man sich unter Ihrem Angebot nichts vorstellen kann, wird man Sie auch nicht beauftragen. Genauso geht es Ihnen ja umgekehrt auch mit Stellenanzeigen, die da lauten: „Sensationeller Verdienst bei leichter Tätigkeit: Wenn Sie monatlich 5 000,- DM oder mehr nebenbei verdienen wollen, rufen Sie an!" Klingt nicht gerade seriös, oder? Den Anruf können Sie sich besser sparen.

Also, zurück zu Ihrem Angebot. Wichtiges Merkmal: Konkret muss es sein! Der angesprochene Kunde muss eine Vorstellung davon gewinnen können, *was* Sie tun wollen und *wie* Sie sein Problem lösen werden. Horst ist das schon ganz gut gelungen. Deshalb noch mal sein Beispiel: „Ghostwriter verfasst individuell, zuverlässig und preisgünstig Reden zu öffentlichen und privaten Anlässen."

So weit das Auge reicht – wer ist Ihre Zielgruppe?

Um zum Ziel Ihrer Vorbereitung zu gelangen – nämlich einer Liste oder Kundenkartei mit vielen wunderbaren Ansprechpartnern und Adressen – müssen Sie nun genau definieren, wer zu Ihrer Zielgruppe gehört. In Horsts Fall waren das Vereine, Verbände, die lokale Politprominenz, durchaus aber auch Privatpersonen, die bei Geburtstagen, Hochzeitstagen, Taufen oder ähnlichen freudigen Anlässen das Wort ergreifen wollen. Bei Horst existiert also eine große Gesamt-Zielgruppe (alle potenziellen Redner), die sich in verschiedene kleinere und konkrete Unterzielgruppen aufspaltet (z. B. Vereine, Verbände, Privatpersonen).
Horsts (und auch Ihr) nächster sinnvoller Rechercheschritt sollte also sein, jede der einzelnen Zielgruppen genauer unter die Lupe zu nehmen. Was Horst untersuchen muss, ist beispielsweise wann und wie häufig seine Zielgruppen Reden benötigen, ob es bereits Usus ist, sich dabei professionelle Hilfe von außen zu holen und wie die Mitglieder der Zielgruppen anzusprechen sind. Während er sich schriftlich oder telefonisch an einzelne Ansprechpartner in Vereinen und Verbänden seines Umfelds wenden kann, muss er sich bei den Privatpersonen natürlich eine andere Strategie einfallen lassen.
Aber Geduld! Wie Horst nun konkret seine Angel beim Kundenfang auswirft, schauen wir uns später an. Im Moment geht es erst mal darum, dass Sie mögliche Kunden in Form von Adressen, Telefonnummern und Namen von Ansprechpartnern sammeln und speichern.
Stellen Sie sich kritische Fragen zur Definition Ihrer Zielgruppe/n, z. B.:

≈ Geht es um Privatpersonen oder Firmen?
≈ Was charakterisiert Ihre Zielgruppe/n? Denken Sie bei Privatpersonen an Merkmale wie Alter, Geschlecht, Lebensstil, Hobbys, Gewohnheiten, bei Unternehmen an Merkmale wie Jahresumsatz, Unternehmensphilosophie, Anzahl der Mitarbeiter etc.
≈ Können die Zielgruppen nebeneinander bestehen bleiben oder schließen sie sich gegenseitig aus? (Haben Sie sich z. B. auf Büttenreden spezialisiert, ist es sehr fraglich ob der Herr Oberbürgermeister Sie für den Richtigen hält, eine seriöse Rede zur Verleihung

eines Tapferkeitsordens zu verfassen. Bieten Sie erotische Thaimassagen im entsprechenden Ambiente an, werden Sie bei einer bestimmten (wahrscheinlich männlichen) Zielgruppe Erfolg haben, aber Tante Frieda, die Zipperlein am Rücken hat, sind Sie dann wohl eher suspekt.)

Wer die Wahl hat, hat die Qual. Sie erinnern sich an unser Kapitelchen über die Freiheit? Das heißt nicht, dass Sie nicht alles Mögliche ausprobieren sollen. Sie müssen sich nur bei jedem Schritt in eine bestimmte Richtung bewusst sein, dass er vielleicht andere Richtungen ausschließt.

Wie kommen Sie an Informationen über Ihre Kunden?

Sie haben sich also entschieden, wem Sie Ihre unschätzbaren Dienste anbieten wollen. Was nun? Okay, was Sie als Erstes brauchen, ist jede Menge Fantasie! Denn Informationen warten überall nur darauf, entdeckt zu werden. Greifen Sie bei Ihrer Recherche auf alle Hilfsmittel zurück, die Ihnen zur Verfügung stehen:

≈ **Internet:** Brauchen Sie Informationen über Firmen, Vereine, Verbände, ist das Internet eine unschätzbare Quelle. Wenn Sie an das übliche http://www. den Namen der Firma und – nach einem Punkt – die Länderkennung anhängen, haben Sie im Normalfall bereits die richtige Adresse erwischt (z. B. *http://www.cisco.de*).

≈ **Interne Informationsbroschüren:** Ebenso ergiebig sind interne Informationsbroschüren (zumindest größere Firmen bieten Derartiges an), die Sie über die jeweilige Marketingabteilung anfordern können.

≈ **Fachzeitschriften:** Lesen Sie gründlich die Fachzeitschriften, die es zu fast jeder Branche gibt und die auch häufig Stellenanzeigen enthalten. (Beispiele: *Werben & Verkaufen (W&V)* für die „Kreativen“: hier dreht sich alles um Werber, Medien, Agenturen, E-Business, oder auch *Deutsches Anwaltsblatt, PC Professionell* und viele mehr.)

≈ **Medienrecherche:** Verfolgen Sie Berichte in den Medien, lesen Sie jeden Tag mindestens eine lokale Tageszeitung.

- ≈ **Ortstermine:** Essen Sie mal in der Firmenkantine, testen Sie als Kunde inkognito den Service, inspizieren Sie Räumlichkeiten und Atmosphäre der neuen Wirkungsstätte.
- ≈ **Gespräche:** Quatschen Sie mit Freunden, Bekannten, Fremden, Kneipenbekanntschaften – mit wem auch immer – über Ihre potenziellen Kunden-Zielgruppen. Horchen Sie Zielgruppen-Zugehörige über ihre Erfahrungen, Wünsche und Probleme aus.

Klasse statt Masse

Was macht eigentlich ... Horst? Am Beispiel von Horst, dem Redenschreiber, haben wir gesehen, dass eine seiner Unterzielgruppen ganz allgemein aus Privatpersonen besteht, die eine Rede verfassen wollen oder müssen und sich dabei der Hilfe eines Ghostwriters bedienen möchten. Naturgemäß ist diese Gruppe ziemlich unspezifisch, denn es können zumindest theoretisch alle Erwachsenen und Jugendlichen jeglichen Alters und Geschlechts angesprochen werden. Differenzierende Kriterien sind da schon Bildungsstand und Kaufkraft seiner Zielpersonen: Nicht in jeder sozialen Schicht werden Reden bei privaten Anlässen gehalten, geschweige denn Geld für einen Ghostwriter angelegt.

Wir wollen nicht zu detailliert auf dieses spezielle Beispiel und die Untersuchung von Horsts Zielgruppe eingehen, nur soweit, dass Sie unseren grundsätzlichen Ansatz nachvollziehen können. Kurz und bündig: Klasse statt Masse! Oder auch weniger ist mehr!

Horst könnte also Anzeigen in sämtlichen Zeitungen schalten, um eine quantitativ möglichst umfangreiche Gruppe von Menschen zu erreichen. Aber schon bei ganz oberflächlicher Betrachtung könnten wir ihm versichern, dass ein Großteil davon rausgeschmissenes Geld wäre.

Sucht er allerdings die Zeitungen sorgfältig aus nach Kriterien wie Erscheinungsgebiet der Zeitung, Bildungsstand und Einkommensdurchschnitt der Leser etc., kann die Aktion schon viel gezielter wirken. Und sollte es ihm – nur mal theoretisch! – durch Recherche gelingen, die Adressen aller Menschen in seiner Heimatstadt herauszukriegen, deren Angehörige in den nächsten drei Monaten einen runden Geburtstag feiern, könnte er jedem dieser potenziellen „Redner“ einen persönlichen Brief schreiben und seine Mithilfe anbieten.

Auf diese Weise hätte er aus einer verschwommenen, unspezifischen Zielgruppe, über deren Bedürfnisse er fast gar nichts weiß (alle Erwachsenen und Jugendlichen) eine konkrete, „hochwertige" Zielgruppe aus einzelnen Individuen gewonnen, deren Lebenssituation (runder Geburtstag steht an) zu seinem Angebot (Rede schreiben) passt.
Wenn Ihre Zielgruppe nun aus diversen Unternehmen besteht, die Bedarf an freien Mitarbeitern haben könnten, gehen Sie genauso vor: Ihr Ziel muss es sein, über jedes einzelne Unternehmen so viele Informationen wie möglich zu bekommen. Dabei fallen einige Unternehmen schon automatisch aus Ihrer Auswahl heraus und ein Kern an Wunsch-Unternehmen, zu denen Ihr Angebot besonders gut passen würde, bleibt übrig.
Die zeitlich aufwendige und manchmal auch mühsame Recherche zahlt sich also in zweierlei Hinsicht gewaltig aus:

1. Sie gewinnen eine hochwertige Zielgruppe, die genau zu Ihrem Angebot passt und
2. Sie lernen jedes Unternehmen aus Ihrer Zielgruppe genau kennen.

Kein Schwein ruft mich an – Ihre Kundenkartei

So, und da ist sie nun: die goldene Grundlage Ihrer Akquisition, Ihre Liste mit potenziellen Auftraggebern oder Kunden. Ob Sie das Ganze als Datenbank im Computer oder als Kästchen mit Karteikarten anlegen, bleibt Ihren Vorlieben überlassen. Hauptsache, Sie haben den Durchblick und können sich zu jedem Ansprechpartner später genügend Notizen machen. Kunden wollen gehegt und gepflegt werden, und deshalb müssen Sie bei Ihrer Akquisition ganz genau überblicken können, was Sie wem wann geschickt haben, mit wem Sie was telefonisch besprochen haben und wie die Reaktion war.

Ordnung ist das halbe Leben

Notieren Sie alles akribisch, vor allem die Namen Ihrer Gesprächspartner! Achten Sie auch von Anfang an darauf, alle Kommunikationsdaten Ihres Ansprechpartners möglichst komplett zu sammeln. Sie sparen sich damit später viel Arbeit, wenn Sie konkret in Kontakt treten und einzelne fehlende Informationen nachtragen zu müssen.

Ready, steady –

… Ihre Akquisitionsstrategie

Auf die Plätze, fertig? Jetzt geht's zur Sache! Erstellen Sie schriftliche Unterlagen, die es in sich haben, und auch noch toll aussehen. Ergreifen Sie die Initiative, bauen Sie Kontakte auf! Wie? Lesen Sie weiter …

go!!

Werbung in eigener Sache

Zunächst einmal ein dickes Lob! Sie haben sich bislang tapfer geschlagen und hervorragend recherchiert! Und damit haben Sie die innere Grundlage für die nächsten Schritte im Akquisitionsprozess geschaffen. Kommen wir also nun zu einem wesentlichen Punkt, nämlich zu der Frage, wie Sie am geschicktesten an Ihre Kunden herantreten, sie von sich überzeugen und richtig gute, lukrative Aufträge an Land ziehen können. Und natürlich kann die Antwort darauf nur lauten: mit einer erstklassigen Akquisitionsstrategie!

Um Ihre möglichen Auftraggeber oder Kunden zu erreichen, können Sie die unterschiedlichsten Maßnahmen ergreifen – je nachdem wie sich Ihre spezielle Zielgruppe zusammensetzt.

Da wir uns in diesem Buch an die eher einzelkämpferisch tätigen freien Mitarbeiter wenden, die Firmen und Unternehmen ihre Mitarbeit anbieten wollen, bleiben hier die typischen Marketing-Varianten eines vollkaufmännischen Existenzgründers wie Wurfsendungen, Plakate, Eventmarketing oder Schaufenstergestaltung außen vor.

Natürlich könnten Sie Ihr Konterfei an Litfasssäulen kleben oder einen Fernsehspot über Ihre Person schalten, aber die große Frage wäre, ob Kosten und Nutzen hier im Einklang ständen, d. h. ob Sie auf diese Weise Ihre Zielperson – den künftigen Auftraggeber – tatsächlich ansprechen können.

Ihre Werbemaßnahmen müssen also exakt auf ihn abgestimmt sein. Was bietet sich da an? Ganz grob könnte man sagen, dass sich jede Aktion, bei der Sie wirklich einen persönlichen Kontakt zu Ihrem Kunden aufbauen können, sehr viel versprechend anhört. Zu diesen persönlichen Kontakten gehören nun eindeutig Telefonate, Briefe und Gespräche. Also doch wieder das übliche Bewerbungs-Gerede? Nicht ganz – lassen Sie sich überraschen!

Three is my lucky number

Sie können es sich schon denken: Alle Wege führen zwar nach Rom, aber noch lange nicht zu einem neuen Auftrag! Deswegen sollten Sie sich dabei nie auf einen einzigen Weg verlassen. Ausgelatschte Trampelpfade, romantische Alleen, rasante Autobahnen – nutzen Sie alles an Möglichkeiten, was sich Ihnen bietet!

≈ Die persönliche Kontaktaufnahme
≈ Die schriftliche Kontaktaufnahme
≈ Die Antwort auf Stellenanzeigen

Schön, wenn es zufällig gerade eine Stellenanzeige gibt, die genau auf Ihr Profil passt. Aber wenn nicht – wollen Sie etwa darauf warten? Sie sollten natürlich auf dem Laufenden sein, wer gerade Mitarbeiter Ihres Schlages sucht, und bestens darüber informiert sein, wenn interessante Anzeigen geschaltet werden. Aber wir wollen Ihnen da nichts vormachen. Wie oft haben Sie schon Anzeigen gesehen, in denen freie Mitarbeiter gesucht werden? Na, wetten wir? Nicht besonders häufig?
Der viel bessere, aussichtsreichere Weg ist, dass Sie selbst die Initiative ergreifen und aktiv potenzielle Auftraggeber ansprechen. Und deshalb steht diese Strategie bei uns auch an erster Stelle.

Die persönliche Kontaktaufnahme

Nichts ist wirkungsvoller als ein persönliches Kennenlernen. Wir wollen hier nicht behaupten, dass es immer eine positive Wirkung haben muss! Im Gegenteil – man kann durchaus auch feststellen, dass man nicht miteinander kann, nicht zueinander passt, kurz: dass die Chemie nicht stimmt. Doch immerhin merkt man dies schnell, ohne vorher viel Zeit und Nerven in diverse Briefe und Telefonate investiert zu haben!
Gehen wir aber lieber von der positiven Variante aus, und die ist ja auch wahrscheinlicher, so sympathisch und gut informiert, wie Sie sind.

Branchengetümmel

Wo können Sie Auftraggeber, Kunden, also die Mitglieder Ihrer Zielgruppe persönlich antreffen und Kontakt aufnehmen? Lassen Sie Ihrer Fantasie freien Lauf. Nutzen Sie zunächst alle vorhandenen Angebote wie Messen und Recruiting-Tage, auf denen sich Firmen präsentieren. Ebenso beliebt sind Vorträge, Kongresse, Versammlungen, Diskussionsrunden, bei denen die für Sie einschlägigen Fachthemen verhandelt werden. Hier ist dann auch gleich für sinnvollen Gesprächsstoff gesorgt, die provokante These des Vortragenden beispielsweise, der neue Aspekt, der in der Diskussion aufgegriffen wurde. Unser guter Horst würde sich vielleicht eher auf Veranstaltungen von Verbänden herumtreiben, der Vereinsmeierei anheim fallen, oder die öffentliche Sitzung des Stadtrates besuchen.

Ein freier Texter, der die Geschäftsführer interessanter Werbeagenturen auf sich aufmerksam machen will, muss sich auf den angesagten Events und Partys der Branche sehen lassen. Manche Kunden trifft man stattdessen eher in der Sauna, morgens um fünf beim Joggen im Stadtwald, oder nach 19.00 Uhr in der Feinschmeckerabteilung von Karstadt oder oder oder ... Kriegen Sie's raus und tauchen Sie dort auf.

Mal ehrlich ...

Montag: „Guten Tag, ich würde gern Herrn Dr. Bauer sprechen. Es geht um die freie Mitarbeit im Bereich ...“ – „Herr Dr. Bauer ist gerade in einem Meeting.“

Dienstag: „Herr Dr. Bauer ist leider außer Haus bei einem Termin.“

Mittwoch: „Herr Dr. Bauer ist bis Ende der Woche auf einer Fortbildung.“

Na, jetzt wissen Sie auch, warum Herr Dr. Bauer dringend einen freien Mitarbeiter braucht: Irgendwer muss ja schließlich die Arbeit machen!

Eine Möglichkeit haben wir Ihnen bis jetzt verschwiegen; zugegeben – sie klingt nicht sehr wahrscheinlich, aber Sie könnten Glück haben: Mitunter treffen Sie Ihren Auftraggeber auch an seinem Arbeitsplatz!
Nee, echt jetzte! – wie der Berliner sagen würde ... Gehen Sie mal vorbei und machen Sie den Anwesenheitstest.
Aber halt, stopp! Gehen Sie nur hin, wenn Sie auch wirklich eine zündende Idee haben, die Ihren ungebetenen Besuch rechtfertigt!

Die Guerilla-Strategie

Ja, Sie haben richtig gehört: ungebetener Besuch. Denn wer lässt sich schon gern von irgendeinem wildfremden Menschen unangemeldet bei der Arbeit stören? Sie etwa? Na, bitte! Das müssen Sie also ziemlich geschickt anstellen – und wir wollen ganz ehrlich zu Ihnen sein: Die Guerilla-Strategie ist eine Gratwanderung. Mit ihr lehnen Sie sich weit aus dem Fenster. Achtung, Sie verlassen jetzt die traditionellen, eingetretenen Pfade jeder Bewerbungs- oder Akquisitionsstrategie! Aber fangen wir mal mit einem Beispiel an.

Mal ehrlich ...

Eis am Stiel

Es ist Sommer, es ist heiß, die Mitarbeiter einer Werbeagentur schwitzen hinter ihren Bildschirmen. Plötzlich steht ein junger Mann mit einer Kühltasche in der Tür und fängt an, Eis an die Belegschaft zu verteilen. Anschließend verschwindet er genauso geheimnisvoll, wie er gekommen ist.

Am nächsten Tag taucht der rätselhafte Unbekannte wieder auf, diesmal mit einer Mappe unter dem Arm, und lüftet das Geheimnis: Sein Name sei Klaus Eismann und er würde sich gerne als freier Grafiker vorstellen ...

Sie können sich vorstellen, dass der erfrischende Eismann da schon einige Sympathie-Bonuspunkte auf seiner Seite hatte. Seine Idee war witzig und originell, ohne irgendwie aufdringlich zu sein. Natürlich lässt sich die Guerilla-Strategie nicht in jeder Branche so leicht anwenden wie in dieser, wo unkonventionelle Einfälle und überraschende Effekte zur tägliche Arbeitsroutine gehören. Und deswegen sollten Sie wirklich gut abwägen, ob der Schuss in Ihrem Fall nicht nach hinten losgeht. Wie gesagt – Ihr Einfall muss wirklich neu und originell sein. Finger weg von der Buchstabensuppe, mit der sich schon Hunderte von Textern beworben haben!

Die schriftliche Kontaktaufnahme

Nun geht es eindeutig um den wichtigsten Teil unserer dreigleisigen Strategie, nämlich um das, was Sie verschicken sollen. Denn selbst, wenn Sie die oben beschriebenen Methoden der Live-Kontaktaufnahme sehr gezielt und erfolgreich anwenden, müssen Sie im Normalfall noch mal was Schriftliches, Handfestes hinterher schieben, um die positive erste Begegnung zu bekräftigen. Konkret heißt das: Sie haben auf der Messe Herrn VW, einen potenziellen Auftraggeber von der Firma XY angesprochen und ein anregendes erstes Gespräch geführt. Sein Interesse an Ihrer Person ist geweckt, er drückt Ihnen seine Karte in die Hand und sagt zu Ihnen: „Schicken Sie mir doch mal Ihre Unterlagen zu ..." Es sei denn, Sie waren so überzeugend, dass er Sie sofort engagiert hat.
So unterschiedlich die Branchen und Berufe, in denen Sie tätig sein können, so vielfältig sind auch Ihre Möglichkeiten, sich schriftlich zu präsentieren. Ein Grafiker, der mit der Gestaltung von Prospekten sein Geld verdienen will, wird bei der Akquisition sicherlich viel mehr Wert auf eine grafisch anspruchsvolle Präsentation legen als ein Übersetzer oder Softwareprogrammierer.
Doch egal wie aufwendig, bunt und teuer Ihre Unterlagen auch gestaltet sein sollen, ob sie von Werbeprofis hergestellt oder selbst gebastelt sind – einen Tipp sollten Sie immer und unbedingt beherzigen:

≈ **Sorgen Sie dafür, dass Sie Ihre Zielperson individuell und persönlich ansprechen!**

Wenn Sie also beispielsweise einen wunderbaren Folder, auf dem Ihr Angebot dargestellt ist, besitzen: Verschicken Sie ihn nie solo, sondern mit einem persönlichen Brief an den Empfänger. Warum? Das werden Sie gleich sehen ...

Werfen Sie sich selbst in die Waagschale

Hä? Was soll das denn heißen? Wieso Waagschale, und wieso sich selbst, ich will doch nicht meine Person, sondern mein tolles Produkt oder meine super Dienstleistung an den Mann bringen!

Na, sind Sie da wirklich sicher? Denken Sie mal drüber nach: Was bekommt Ihre Zielperson – der Mensch, der Ihnen einen Auftrag geben oder Ihnen etwas abkaufen soll, Tag für Tag massenweise auf den Tisch? Richtig, er kriegt Folder, Prospekte, Briefe, in denen freie Mitarbeiter ihre „herausragenden, kreativen Fähigkeiten", ihr „innovatives Produkt", ihre „ungewöhnliche Dienstleistung" anbieten. Natürlich klingt das alles toll und positiv. Sie würden ja auch keine müde Mark für einen Werbeprospekt ausgeben, der nicht den allerbesten Eindruck von Ihren Fähigkeiten vermittelt, oder?!

Mal ehrlich ...

Knollenforschung

Stellen Sie sich vor, Sie (männlichen Geschlechts; die Leserinnen sehen jetzt mal weg ...) gehen auf den Markt, um Kartoffeln zu kaufen. Es gibt diverse Kartoffelstände, die alle so ziemlich die gleichen Sorten zu einem einheitlichen Preis anbieten. Während nun die meisten Kartoffelhändlerinnen alt und dick sind, steht hinter einem der Stände die „Kartoffelkönigin" – sagen wir Veronika Ferres, die am Kartoffelstand ihrer Mutti in ihrer Heimat Solingen mithilft! Egal, jedenfalls eine wohlgeformte, knuddelige und knollige Kartoffelkönigin. Wo kaufen Sie?

Da, wo Sie immer gekauft haben und Rabatt kriegen? Oder brechen Sie mit alten Gewohnheiten und wechseln zur „Queen der Knollen"? Wenn der Anreiz stark genug ist, ja! Seien Sie ehrlich!

Na schön, werden Sie sagen, und wo liegt jetzt das Problem? Ganz einfach: Das Problem besteht in der Tatsache, dass Ihr potenzieller Auftraggeber nicht nur von Ihnen, sondern von ganz vielen Arbeitswilligen gleichwertige Post bekommt. Punkt – aus!

Warum sollte er also gerade Sie anrufen und beauftragen, und nicht jemand anderes? Bingo, weil Sie sich aus der Masse abheben, weil Sie etwas Besonderes sind.

So wie Ihnen (die Leserinnen, die zwischenzeitlich von Arnold Schwarzenegger geträumt haben, dürfen jetzt wieder einsteigen) geht es auch Ihrem Kunden. Wenn er das gleiche Produkt von vielen angeboten bekommt, braucht er einen anderen Anreiz, um sich zu entscheiden. Und dieser zusätzliche Anreiz könnte doch darin bestehen, dass Sie nicht nur Ihr klar definiertes Angebot oder Produkt anbieten, sondern darüber hinaus Ihre Persönlichkeit in den Vordergrund rücken.

Werden Sie als Person begreifbar, geben Sie Ihrem Angebot ein „Gesicht". Sorgen Sie dafür, dass der Empfänger sich etwas vorstellen kann – einen Menschen aus Fleisch und Blut. Es wird ihm dann mit Sicherheit leichter fallen, Sie anzurufen, als einen der „anonymen" Mitanbieter. Auf diesen Aspekt – wen ruft der Auftraggeber gerne an und wen nicht – kommen wir später noch zurück. Jetzt wollen wir Ihnen erst mal verraten, wie Sie sich am besten in eine Kartoffelkönigin bzw. einen Apollo verwandeln ...

Schreiben Sie einen persönlichen Brief!

Wir haben es ja schon erwähnt: Egal, was Sie verschicken wollen (Werbepostkarten, Folder, Visitenkarten ...), kombinieren Sie diese „unpersönlichen" Werbemaßnahmen mit einem persönlichen Kontaktbrief. Ihre oben genannten Werbematerialien können Sie theoretisch jedem in den Rachen werfen, Ihr Brief aber ist nur für diesen einen Empfänger bestimmt. Igitt, das ist aber viel Arbeit, mögen Sie jetzt schreien. Ist es nicht, denn natürlich können Sie den gleichen oder einen leicht abgewandelten Brief an diverse Zielpersonen schicken. Aber für jeden einzelnen Empfänger muss der Brief immer so *klingen*, als sei er nur für ihn geschrieben.

Die erste Voraussetzung für einen persönlichen Brief ist, dass Sie Ihren Empfänger namentlich ansprechen. „Sehr geehrte Damen und Herren ..." ist tabu, das haben Sie doch bei Ihrer Recherchebegabung wirklich nicht nötig! Also, ermitteln Sie den richtigen Ansprechpartner für Ihr Angebot. Das geht schnell und unproblematisch per Telefon. Schildern Sie der Telefonzentrale oder Sekretärin Ihr Anliegen und fragen Sie, wer dafür zuständig ist. Mehr ist erst mal nicht nötig.

Timing ist alles

Vielleicht ist von anderer Seite empfohlen worden, als ersten Schritt mit Ihrer Zielperson zu telefonieren, um zu fragen, ob Bedarf an freien Mitarbeitern besteht und ob es Sinn macht, Ihre Unterlagen zu schicken. Umfragen zu diesem Thema haben aber ergeben, dass die meisten Auftraggeber, Personalentscheider, Geschäftsführer (oder wie man sie auch nennen mag) äußerst ungern ins Blaue hinein zu diesen Fragen telefonisch Auskunft geben, sondern lieber erst mal etwas Schriftliches über Sie vorliegen haben möchten. Stellen Sie sich vor, Sie haben sich ein Wunsch-Unternehmen ausgesucht, für das Sie arbeiten wollen, rufen nun den potenziellen Auftraggeber an und fragen, ob er Aufträge hat. Gesetzt den Fall, er hat gerade keine, wimmelt er Sie am Telefon ab, weil er Sie nicht kennt, und das war's dann. Sie haben nichts erreicht, laufen aber Gefahr, jemandem auf die Nerven gegangen zu sein und sich Ihre Chance auf eine Zusammenarbeit verbaut zu haben.
Schicken Sie aber im gleichen Fall zuerst schriftlich Ihr interessantes Angebot mit einem persönlichen Brief und rufen damit eine positive Reaktion hervor, kann der Auftraggeber – obwohl er zurzeit keine Aufträge hat! – trotzdem neugierig werden, Sie kennen zu lernen und Sie daraufhin anrufen. Und aus dieser persönlichen Begegnung könnten sich weitere Perspektiven ergeben, z. B. dass Sie ihn auf ganz neue Ideen bringen, wie er Sie erfolgreich einsetzen könnte – Möglichkeiten, die er vorher nicht mal geahnt hat!
Das Geheimnis, das hinter all dem steckt, ist ganz einfach: Der Kunde oder Auftraggeber will eigenständig und frei wählen, mit wem er spricht, mit wem er Geschäfte abschließt und wen oder was er einkauft. Er will dabei nicht beeinflusst, überrumpelt, beschwatzt werden. Sobald

er dieses Gefühl bekommt, sind die Antennen auf Abwehr geschaltet. Wenn Sie in einen Laden kommen und sich erst mal in Ruhe umsehen wollen, fühlen Sie sich ja auch nicht wohl, wenn der Verkäufer sich sofort auf Sie stürzt und Ihnen das Ohr zuschwatzt! Jeder Kunde will das Gefühl haben, dass die Initiative von ihm ausgeht.
Eine wichtige Tugend für die Phase Ihrer Akquisition lautet deshalb: Warten können, Geduld haben und ein Gespür für das richtige Timing entwickeln. Aber gehen wir die Sache mal systematisch an: Wie entsteht denn nun Ihr ganz persönlicher, interessanter und lesenswerter Akquisitionsbrief?

Nicht Minnesang, sondern Heiratsantrag

Oh je, Sie sehen ja schon wieder so skeptisch aus. Was diese Überschrift soll?! Sie hatten sowieso nicht vor zu singen?! Aber vielleicht zu baggern und zu balzen? Sie möchten den Kunden umschwärmen, ihn in wohlklingenden Versen überzeugen, dass Sie alles für ihn tun werden, immer für ihn da sind und dass er nur mit Ihrer Hilfe noch toller und schöner werden kann?

Vergessen Sie's, das wollen die anderen auch alle schon! Werbepsychologen zermartern sich das Kreativ-Hirn, mit welchen Slogans und gedrechselten Worten sie den Kunden dazu bringen, ohne ein bestimmtes Produkt nicht mehr leben zu wollen. Wir alle sind von dieser „Werbewortkunst" überflutet, von Wortgeplänkel und Kunst-Slogans, die uns etwas suggerieren, uns infiltrieren wollen. Was meinen Sie? Wir sind sauertöpfische, verknöcherte Werbehasser? So ist das gar nicht gemeint. Uns geht es nur darum, dass Sie sich mit Ihrer Eigenwerbung von dieser „schneller-höher-weiter-bunter-witziger"-Mentalität abheben. Schließlich ist Ihr Empfänger ja kein Versuchskaninchen, das Sie manipulieren wollen, sondern ein ernst zu nehmender Gesprächspartner. Und damit sind wir beim entscheidenden Punkt: Nehmen Sie den Empfänger ernst!

Verschlüsseln Sie keine Botschaften, sondern sagen Sie ihm klar und direkt, was Sie von ihm wollen. Wie bei einem Heiratsantrag. Damit der/die Andere den Ernst der Lage erkennt und Ihnen mit vor Glück erstickter Stimme ein „Ja" entgegenhauchen kann, muss die Frage lauten: „Willst du mich heiraten?" und nicht etwa: „Willst du bis zu deinem Tod auf rosaroten Wolken schweben?" Sie merken, um welchen Unterschied es uns geht.

Der Blickfang, formerly known als „Betreffzeile"

Tja, früher, zu Oma Gerdas Zeiten, hieß es in Briefen noch „Betreff: ...". Und diese sinnvolle Blickfang-Zeile, die fett markiert ist, gibt es immer noch, nur ist man heute, was den Inhalt oder die Intentionen des Briefes anbelangt, oft nicht schlauer, wenn man sie gelesen hat. Das liegt an oben beschriebenem Problem: Die Leute meinen, sie müssten den Leser des Briefes mit einer besonders originellen werbenden Botschaft auf den Brief neugierig machen. Dass er aber vielleicht ein Bedürfnis hat, erst mal zu erfahren, was für einen Brief er da in der Hand hat, daran wird nicht gedacht.

„Frisch gewagt ist halb gewonnen!"
„Brauchen Sie frischen Wind in Ihrem Team?"
„Nur mit einem optimalen Team kommen Sie ins Ziel!" ...

So, so, ist ja spannend. Danke für die Belehrung, könnte der Empfänger denken, denn im Prinzip unterstellen solche Sätze ihm ja, dass er und sein Team nicht „optimal" arbeiten, jedenfalls nicht, bis *Sie* dazu stoßen. Mal ganz davon abgesehen, dass es Auftraggeber gibt, die schlichtweg allergisch auf abgegriffene Plattitüden reagieren, sind diese Einstiege auch nicht besonders schmeichelhaft.
So altmodisch es Ihnen also auch vorkommen mag: Nutzen Sie Ihre Betreffzeile, um den Empfänger zu orientieren. Nennen Sie den Anlass Ihres Briefes. Mehr nicht. Sie werden nicht nur bei der vom Betreffzeilen-Geblubber geplagten Sekretärin große Freude auslösen.
Ihre Zeile könnte also z. B. lauten:

- „Bewerbung für einen Auftrag im Bereich ..."
- „Ihre Stellenanzeige vom ... : Freie Mitarbeit im Bereich ..."
- „Horst Hallhuber möchte sich Ihnen vorstellen und sich um einen Auftrag bewerben."

Der Körper – klar und überzeugend

Da weiß man, woran man ist. Doch nicht nur in der Betreffzeile, sondern auch im weiteren Text Ihres Briefes kommt es vor allem darauf an, dass der Empfänger erfährt, worum es eigentlich geht. Reden Sie also nicht um den heißen Brei herum, sondern beantworten Sie ihm die vier entscheidenden Fragen:

- Wer sind Sie? (Ihre Persönlichkeit)
- Was wollen Sie für ihn tun? (Ihr Angebot)
- Was hat er davon? (Wie können Ihre Fähigkeiten ihm nutzen?)
- Was soll er für Sie tun? (Sie anrufen und Ihnen einen Auftrag erteilen.)

Ha-ha, werden Sie jetzt lachen: Wie soll ich denn meine Persönlichkeit in einem Akquisitionsbrief darstellen? Der dazu noch nicht länger als eine Seite sein darf, weil ja lange Briefe nicht gelesen werden?! Gut, stellen wir den Aspekt der Länge noch kurz zurück.

Unser wichtigstes Ziel ist es, dass der Empfänger eine Vorstellung von Ihrer Person bekommt. Das soll nicht heißen, dass er Sie bis in die kleinsten Verästelungen Ihres komplexen Charakters kennen lernen soll! Nein, aber er soll sich einen Menschen aus Fleisch und Blut vorstellen, wenn er Ihren Brief gelesen hat. Und dazu müssen Sie ihm etwas über sich erzählen.

1. Wer sind Sie?

Natürlich gehören zu Ihrer Person bestimmte Daten und Fakten, wie z. B. Ihr Name, Ihr Alter, Ihre Ausbildung ... Das alles sind selbstverständlich wertvolle Informationen, die der Auftraggeber braucht, aber so richtig lebendig werden Sie dadurch noch nicht, oder?
Erzählen Sie also zusätzlich etwas Interessantes über sich! Da fällt Ihnen nichts ein?! Na, wir hören wohl nicht recht! Also, dann ist an dieser Stelle ein kleiner Nachhilfeunterricht fällig!

Ihre Persönlichkeit

Nehmen Sie sich Block und Stift, eine Thermoskanne Kaffee oder Tee, stellen Sie den Anrufbeantworter an – und denken Sie mal in Ruhe über sich nach. Und zwar nicht nur gezielt über Berufliches, lassen Sie alle spontanen Einfälle zu!

- ***Was versetzt Sie in Begeisterung?***
- ***Worin waren Sie erfolgreich?***
- ***Wofür wurden Sie gelobt?***
- ***Wann waren Sie besonders stolz auf sich?***
- ***Was löst ein Glücksgefühl bei Ihnen aus?***
- ***Was tun Sie am liebsten?***
- ***Was sind Ihre Hobbys?***
- ***Worüber können Sie sich am meisten aufregen?***
- ***Was waren wichtige Wendepunkte in Ihrem Leben?***

Aha! Das sieht schon besser aus! Da sind ja richtige Emotionen in Wallung geraten. Und genau darum geht es: Wir lernen einen Menschen kennen, wenn er seine Gefühle zeigt. Gefühle zeigen heißt aber auch: sich entblößen, dem anderen Angriffsfläche bieten. Wollen Sie das bei einem fremden Gegenüber tun? Probieren Sie es aus, denn Gefühle zu zeigen ist auch ein Vertrauensbeweis, den Sie dem anderen senden. Und die normale Reaktion darauf ist, dass auch er Vertrauen zu Ihnen fasst – die nötige Voraussetzung, um Sie anzurufen und Ihnen einen Auftrag zu erteilen.
Freie Mitarbeiter haben sehr häufig einen bunten, abwechslungsreichen Lebenslauf, in dem nicht unbedingt stringente Karriereplanung im Vordergrund stand, sondern in den manchmal auch das Schicksal durch irgendwelche verrückten Begebenheiten eingegriffen hat. Erzählen Sie Ihrem Leser – vielleicht durch eine kleine Geschichte – wie Sie zu dem gekommen sind, was Sie heute tun. Aber nicht, indem Sie Ihren Lebenslauf nachbeten!

„Als ich sieben war, bekamen meine Freundin und ich jede ein wunderbares Kinderbuch geschenkt. Wir waren so beeindruckt, dass wir beschlossen, auch Schriftstellerinnen zu werden. Meine Freundin ging sofort ans Werk und dachte sich eine Geschichte aus, während ich mich hinsetzte und fein säuberlich in Schönschrift das geliebte Buch abschrieb. Zwischen diesem Tag und heute liegen fast zehn Berufsjahre, in denen ich gelernt habe, dass man Kreativität und Ideen nicht erzwingen kann, sondern dass sie kommen, wenn man bereit dafür ist ...“
... schrieb eine Texterin in ihrem Brief an eine Werbeagentur. Auf eine sehr diskrete, aber plastische Weise vermittelt sie dem Leser einen Einblick in ihre Persönlichkeit. Wir wetten, die Geschichte mit dem Kinderbuch wird sich ihm einprägen, während er Aufzählungen wie „war ich von dann bis dann dort beschäftigt ...“ mit Sicherheit gleich wieder vergisst.
Okay, kommen wir zur zweiten der vier wichtigen Fragen, die Sie dem Leser Ihres Briefes beantworten sollen:

2. Was wollen Sie für Ihren Auftraggeber tun?

Gut, dass Sie schon vorher so fleißig waren und Ihr knackiges Angebot formuliert haben! Denn genau hier und jetzt hat es seine Daseinsberechtigung. Erinnern wir uns kurz an das ursprüngliche Angebot von Horst:

> „Ghostwriter verfasst individuell, zuverlässig und preisgünstig Reden zu öffentlichen und privaten Anlässen."

Natürlich muss er jetzt, wo er sich nicht mehr an seine gesamte Zielgruppe wendet, sondern an ein individuelles Mitglied derselben, seine Formulierung spezifizieren. Stellen wir uns vor, er schreibt an die Vorsitzenden der von ihm ausgewählten Vereine:
„Als Ghostwriter verfasse ich individuell, schnell und zuverlässig Ihre Reden zu allen internen und öffentlichen Anlässen."
Die nächste Frage schließt sich gleich schon an, denn sie ist eng mit Frage zwei verbunden:

3. Was hat der Auftraggeber davon?

Erweitern wir also die ursprüngliche Aufgabe: „Erzählen Sie etwas Interessantes über sich" um den Aspekt: „Erzählen Sie etwas beruflich positives Interessantes über sich".
Auch das noch?! Aber klar, Sie haben doch schon nachgesonnen, worin Sie erfolgreich waren, wer Sie gelobt hat und warum Sie besonders stolz auf sich sein können. Hier ist wieder spannender Stoff für Ihren Akquisitionsbrief zu finden. Erzählen Sie also dem Empfänger von Ihren Erfolgen.
Pfui, sagen Sie jetzt: Eigenlob stinkt! Ich kann doch nicht mit meinen Erfolgen angeben! Richtig, sehr feinfühlig von Ihnen.

≈ Eigenlob stinkt – Fremdlob duftet

Es wäre wirklich ziemlich kontraproduktiv, wenn Sie Ihre Erfolge und positiven Eigenschaften einfach nur aufzählen würden, nach dem Motto: Ich bin toll, ich bin kreativ, ich sprühe nur so vor innovativen Ideen, ich bin ein Teamplayer und hochmotiviert, bla-bla-bla etc. Selbst, wenn das alles die reine Wahrheit ist, würden Sie das etwa jemandem abkaufen? Richtig, Sie würden sagen: Na, so ein Angeber! Und schon hätten Sie den Haken an der Sache gefunden und könnten den Brief in die Rundablage, auch Papierkorb genannt, befördern.

So platt dürfen wir also nicht vorgehen. Und da gibt es einen einfachen Trick: Bei allen Ihren positiven Erlebnissen und Erfolgen sind auch andere beteiligt gewesen, Ihr damaliger Auftraggeber oder Chef, Ihre Kollegen ... Diejenigen, die Sie gelobt oder befördert haben, von denen Sie wegen Ihrer guten Arbeit seit Jahren Aufträge bekommen, die Sie jedes Jahr zum Betriebsausflug und zur Weihnachtsfeier einladen, obwohl Sie nicht zum festen Mitarbeiterstamm gehören, die Ihnen einen lustigen Spitznamen verpasst haben oder oder oder ...

Erzählen Sie von Ihren Erfolgen und positiven Fähigkeiten nicht aus der eigenen Perspektive, sondern aus der Sicht der anderen, die von Ihrer tollen Arbeit einen Vorteil hatten, den Sie genutzt haben.

Nehmen wir Horst, unser altes Lieblingsbeispiel. Er könnte in seinem Brief beispielsweise schreiben:

„Seit über fünf Jahren verfasse ich die Reden für den Vorsitzenden unseres Gemeinderates. Er sagt, es sei eine große Erleichterung für ihn, jemanden zu haben, der sich gut in ihn hineindenken kann und der zu jeder Gelegenheit den richtigen Ton trifft."

Na bitte, zwei wichtige positive Eigenschaften eines Redenschreibers sind genannt: Sensibilität, sich in den Redner hineinzudenken (was könnte er ausdrücken wollen?) und das Gespür, in besonderen Situationen den richtigen Ton zu treffen. Außerdem wird die Kontinuität dieser Zusammenarbeit betont – und wenn Horst seit fünf Jahren Aufträge bekommt, muss man wohl mit seiner Arbeit zufrieden sein! Und das alles, ohne dass sich Horst selbst hätte loben müssen. Dadurch, dass der Gemeinderatsvorsitzende diese Aufgabe „in seinen Worten" übernommen hat, klingt es nicht mehr angeberisch, sondern glaubwürdig. Der Vorsitzende des Vereins XY erfährt auf diese Weise, wie Sie für jemand anderen, nämlich besagten Vorsitzenden des Gemeinderats, ausgesprochen nützlich waren, und er kann sich sofort vorstellen, dass Sie auch für ihn nützlich sein könnten.

Okay, schon sind wir bei der vierten und letzten, aber nicht unwichtigen Frage angelangt:

4. Was soll der Auftraggeber für Sie tun?

Erinnern Sie sich noch, was das Ziel Ihres Briefes war? Richtig: Sie wollen einen Auftrag im Bereich AB bei der Firma XY bekommen. Und die Antwort auf die vierte Frage lautet schlicht und ergreifend: Der Auftraggeber soll Sie anrufen und Ihnen einen Auftrag geben. Das müssen Sie ihm allerdings mitteilen, denn erfahrungsgemäß tun die Leute nur das, was man ihnen sagt. Wenn Ihr Brief also keine klare Botschaft darüber enthält, was der nächste Schritt ist, den Sie vom Empfänger erwarten, ist die Chance ausgesprochen groß, dass er gar nichts tut und Ihr Schreiben auf den dicken Stapel „irgendwann zu erledigen" befördert, wo es dann langsam vor sich hinschimmeln kann!

Lassen Sie es nicht so weit kommen! Geben Sie Ihrem Auftraggeber eine klare Handlungsanweisung, die da beispielsweise lautet: „Wenn Sie einen Auftrag zu vergeben haben, rufen Sie mich unter folgender Telefonnummer an ..." Nicht: „... würde ich mich freuen, wenn Sie mich anrufen ..."! Nein, klare Ansage: Tun Sie's, rufen Sie an, und geben Sie mir einen Auftrag! Natürlich dürfen Sie noch etwas Nettes anfügen, z. B.: „... ich freue mich sehr darauf, von Ihnen zu hören ..." oder Ähnliches.

Prima, die wesentlichen Fragen sind beantwortet, Ihr Brief hat somit Hand und Fuß – und natürlich ein Gesicht!

Der 5-Punkte-Plan für Ihren Akquisitionsbrief

- ***Sprechen Sie Ihre Zielperson individuell und namentlich an! Nutzen Sie die „Betreffzeile", um den Empfänger zu orientieren.***
- ***Stellen Sie Ihre Persönlichkeit in den Vordergrund, geben Sie Ihrem Brief ein „Gesicht".***
- ***Sagen Sie Ihrem potenziellen Auftraggeber klar und direkt, was Sie für ihn tun wollen.***
- ***Erzählen Sie ihm von Ihren Erfolgen aus der Sicht anderer, damit er sich vorstellen kann, wie Sie ihm nützen werden.***
- ***Sagen Sie ihm klar und direkt, was er für Sie tun soll.***

Horst Hallhuber
Hasengasse 9
18456 Bergisch-Gladbach

Dr. Tobias Reindl
Oberstudienrat a. D.
Vorsitzender des Kaninchenzüchtervereins „Blauer Wiener"
Lehrstraße 33
67699 Köln-Bocklemünd

Bergisch-Gladbach, 12. Mai 2001

Ihre Rede zum Jubliäum des Kaninchenzüchtervereins „Blauer Wiener"

Sehr geehrter Herr Reindl,

ich arbeite freiberuflich als Redenschreiber und möchte Ihnen auf diesem Wege gern meine Dienste anbieten.
Das Jubiläum Ihres Vereins steht vor der Tür: 25 Jahre gibt es nun bald schon den Kaninchenzüchterverein „Blauer Wiener". Sie fragen sich, woher ich das weiß? Nun, ich wohne in der Nähe von Bocklemünd – in Bergisch-Gladbach – und lese aufmerksam die Lokalnachrichten.
Außerdem ist Kurt Hasenbein, den Sie ja auch schon lange kennen, erst kürzlich mein Kunde gewesen: Zum 50. Geburtstag seiner Frau hat er eine Rede bestellt. Wie er mir erzählte, muss die ziemlich wirkungsvoll gewesen sein: Seine Frau sagte, es sei die schönste Rede, die sie je gehört hätte.

Sie fragen sich vielleicht außerdem, wie jemand zu einem so ausgefallenen Beruf kommt. Redenschreiber – ist das denn etwas Seriöses, kann man denn davon leben? Ich kann Ihnen sagen, dass ich sehr froh bin, das zu meinem Beruf gemacht zu haben, was mir am meisten liegt: das Schreiben. Leben kann man übrigens auch davon, da ich viele zufriedene „Stammkunden" habe.

Sie können aber auch ganz direkt dazu beitragen, indem Sie mich anrufen und wir über Ihre Rede zum Jubiläum mal sprechen.
Haben Sie schon konkrete Vorstellungen? Ich denke, die Geschichte des Vereins hat einen feierlichen Rahmen und die richtigen Worte verdient!

Ich freue mich auf Ihren Anruf.

Mit freundlichen Grüßen

Horst Hallhuber

Anlagen:
Portfolio
Referenzliste

Und einmal noch die wichtigste Regel, die Sie beachten sollten:
Der Kunde oder Auftraggeber will eigenständig und frei entscheiden. Er will nicht beeinflusst, überrumpelt oder beschwatzt, sondern ernst genommen werden.

Wo eine Angel ist, ist auch ein Haken

Kommen wir kurz auf einen Punkt zurück, den wir zwar schon mal berührt, aber dann zurückgestellt hatten. Kramen Sie in Ihrem Gedächtnis: Es ging um die Frage, warum der potenzielle Auftraggeber manche Bewerber lieber anruft als andere.
Grundsätzlich ist es so, dass Personalentscheider höchst misstrauische, ungnädige Wesen sind, die aus Erfahrung davon ausgehen, dass die Leute ihnen was vom Pferd erzählen. Wir sagen bewusst „aus Erfahrung", denn in Bewerbungs- und Akquisitionsschreiben will sich natürlich jeder nur von der besten Seite zeigen. Und so sind sie auch geschrieben, diese Briefe. Wir alle wissen aber gleichzeitig, dass der Mensch nicht nur aus Schokoladenseiten besteht, sondern auch Fehler und Schwächen hat, die er natürlich hinterhältigerweise vor dem Personalentscheider geheim hält und die dieser dann im persönlichen Gespräch durch mehr oder weniger unangenehme Fragen aus dem Bewerber herauszukitzeln versucht. In der Bewerbungsmappe ist von diesen Dingen natürlich nicht die Rede, und daraus folgt das nicht ganz unberechtigte ungute Gefühl des Empfängers, nur die halbe Wahrheit zu erfahren.
Was passiert? Der Empfänger traut keinem und sucht automatisch nach einem Haken bei all den viel versprechenden jungen Talenten, die sich bei ihm melden. Denn er will die andere Hälfte der Wahrheit schon jetzt herauskriegen. Dazu kommt das Problem, dass er im Normalfall mehr Bewerber als Aufträge hat und deshalb aussortieren muss.
Also, wo sind die Schwächen, wer kriegt den Stempel „return to sender"? Irgendwann ist dann der Aussortierende der Meinung, den besten der Kandidaten ermittelt zu haben und – ja, was nun? Nun kommt etwas Unangenehmes auf ihn zu, denn jetzt muss er diesen supertollen Hecht von Kandidaten anrufen. Sind Sie nervös, wenn Sie das erste Mal in einer Firma anklingeln, von der Sie einen Auftrag wollen? Klar, ist ja auch

völlig normal. Und glauben Sie uns, genauso geht es der Gegenseite, auch wenn sich niemand Gedanken darüber macht. Auch der Auftraggeber muss sich überwinden, einen wildfremden Menschen anzurufen, der vielleicht gar nicht das hält, was er verspricht!
Mit Ihrem Brief ist das allerdings was anderes, denn Sie haben sich ja – unter Beachtung unserer Tipps – nicht als perfekter Jobroboter präsentiert, sondern als sympathischer Mensch, der etwas von sich und aus seinem Leben preisgegeben, dem Empfänger anvertraut hat. Die Hemmschwelle, Sie anzurufen, ist deshalb wesentlich geringer.

Von der Macht der Sprache

„Man brauche gewöhnliche Worte und sage ungewöhnliche Dinge."
Arthur Schopenhauer

Eigentlich ist mit diesem Zitat schon alles gesagt. Drücken Sie sich klar und verständlich aus, orientieren Sie sich auch beim Schreiben eher an Ihrer Art, zu sprechen, oder wie Oma Gerda es ausdrücken würde: Schreiben Sie, wie Ihnen der Schnabel gewachsen ist.
Viele Leute versuchen sich in Bewerbungs- oder Akquiseschreiben möglichst kompliziert, hochgestochen und abstrakt auszudrücken. Genau das Gegenteil hat Erfolg. Wenn Sie als sympathischer Mensch, den man gerne anrufen möchte, rüberkommen wollen, schreiben Sie so, dass man Sie versteht. Und mit „man" meinen wir auch Oma Gerda oder Tante Ilse oder wen Sie auch in Ihrer Nähe haben. Machen Sie den Test!
Vermeiden Sie fachliches Gesimpel, wo immer es geht. Auf den ersten Blick wirkt das alles zwar beeindruckend, ist aber gefährlich: Entweder weiß Ihr Gegenüber, wovon Sie da schwafeln und steckt Sie in die Schublade „Angeber", oder aber er weiß es nicht und ist eingeschüchtert. Fazit: Die Hemmschwelle, Sie anzurufen, wird wesentlich größer.

Lang, aber spannend

Einen wichtigen Punkt sollten wir noch ansprechen: die Länge Ihres Anschreibens. In fast allen Ratgebern lesen Sie: Nicht über eine Seite, kurz und knackig soll es sein. Längere Briefe würden sowieso nicht gelesen.

Wir meinen: Auch längere Briefe werden gelesen, nämlich dann, wenn sie spannend sind!
Verlassen Sie sich auf Ihr Gefühl: Wenn Sie wirklich etwas Interessantes über sich zu erzählen haben, das Sie als Person vorstellbar werden lässt, darf Ihr Brief auch länger als eine Seite sein. Wollen Sie Ihren Empfänger allerdings langweilen, reicht eine Seite völlig aus!

Kleiner Anschreiben-Knigge

Na, inhaltlich sieht's doch schon sehr gut aus mit Ihrem Anschreiben. Und was die Hardware – die äußere Gestaltung – angeht, sind Ihnen (fast) keine Grenzen gesetzt. Stehen Sie auf lindgrünes Papier? Warum nicht, es fällt auf jeden Fall auf! Wichtigste Regel dabei ist: Die Gestaltung muss zu Ihrer Person und Ihrem Angebot passen.
Haken Sie nun – nur zur Sicherheit – unsere kleine Checkliste ab, bei der es um die Basics der äußeren Gestaltung geht.

Checkliste Anschreiben

- *Ihr Anschreiben (sowie die gesamten schriftlichen Unterlagen) sollte in einem sauberen, ordentlichen, um nicht zu sagen perfekten Zustand sein. (Man schließt von Eselsohren und Marmeladeflecken nämlich sofort auf Ihre Arbeitsweise!)*
- *Fehler in Rechtschreibung und Grammatik sind tabu! Lassen Sie Korrektur lesen!*
- *Gliedern Sie Ihren Text in sinnvolle gedankliche Abschnitte.*
- *Benutzen Sie einen gut lesbaren und vor allem nicht zu kleinen Schrifttyp. Suchen Sie aus, was zu Ihrem Stil passt, z. B. „Times New Roman" wirkt gediegen, „Arial" klar und modern, „New York" elegant ...*
- *Erleichtern Sie dem Empfänger die Antwort, indem Sie alle Ihre Kommunikationsdaten komplett und übersichtlich aufführen. Dazu gehört neben Adresse, Telefon und evtl. Fax heutzutage natürlich auch die E-Mail-Adresse und ggf. die Adresse Ihrer Homepage. (Näheres zum Stichwort Homepage ab Seite 72)*

Mailing mit Stil

So, nun müssen wir Ihnen wirklich auf die Schulter klopfen! Anständig, wie Sie das mit dem Anschreiben hingekriegt haben! Aber wie sieht's mit den weiteren Zutaten zu Ihren Unterlagen aus? Noch nicht drüber nachgedacht? Welche Akquisitionsunterlagen wollen Sie denn zusätzlich verschicken? Wie ist Ihr Mailing gestaltet?

Akquisitionsunterlagen für Ihr Mailing

Okay, fangen wir wie immer vorne an! Sie haben ein spannendes Anschreiben ... Was könnte Ihren Kunden, den potenziellen Auftraggeber, darüber hinaus interessieren? Je nach Branche und Art Ihrer Tätigkeit können folgende Unterlagen sinnvoll sein:

- Arbeitsproben
- Lebenslauf
- Profil
- Folder
- Kundenreferenzliste
- Referenzen

Arbeitsproben

Für bestimmte Berufsgruppen ein „Muss"! Und ein dickes Pfund, mit dem Sie überzeugen können. Ein Grafiker oder Texter kann damit sofort präsentieren, wie er arbeitet.

Arbeitsproben sind ...

- wichtig, wenn Sie gezielt einzelne Auftraggeber ansprechen!
- nicht geeignet für große Mailings an Ihre gesamte Zielgruppe! (Denken Sie an Aufwand und Portokosten!)

Lebenslauf

Während von einem Bewerber für eine feste Stelle ein ausführlicher, lückenloser Lebenslauf erwartet wird, reicht es bei Ihnen als Selbstständigem völlig aus, die grobe Linie Ihrer Laufbahn wiederzugeben. Es geht nicht darum, dass der Auftraggeber jeden einzelnen beruflichen Schritt nachvollziehen kann, sondern um einen schönen roten Faden, der Ihren Werdegang beschreibt. Fragen wir doch mal den guten alten Horst, wie er das bewerkstelligt hat. Wenn Sie weiterblättern, können Sie das Ergebnis begutachten (siehe Seite 65).

Profil

Gerade wenn Sie als freier Mitarbeiter Dienstleistungen anbieten, kann es sinnvoll sein, einzelne Fähigkeiten, Berufserfahrungen und Zusatzausbildungen aufzuzeigen. Der richtige Platz dafür ist das Profil. Ein freier Mitarbeiter, z. B. im Bereich Öffentlichkeitsarbeit, kann diese allgemeine Tätigkeitsbezeichnung weiter spezifizieren und Einzelkenntnisse wie die Planung und Durchführung von Promotionsaktionen, den Aufbau eines Sponsorennetzes oder die Verhandlung von Medienkooperationen angeben. Auch ein Redenschreiber kann natürlich diverse Fähigkeiten, die sein Wissens- und Erfahrungsspektrum beschreiben, in einem Profil darstellen.

Klar, dass auch Horst eines entworfen hat (siehe Seite 66).

Folder

Das Wort „Folder“ kommt aus dem Englischen von „to fold“ = „falten“, ist also ein gefaltetes Präsentationspapier. Mit einem Folder können Sie Ihr Angebot noch einmal in prägnanter, z. B. grafisch aufbereiteter Form präsentieren. Welchen Aufwand Sie dabei betreiben, hängt allein von Ihrem Budget ab: Sie können einen Grafiker oder eine Werbeagentur mit der Gestaltung beauftragen, Sie können Ihren Folder aber auch selber am Computer herstellen, beispielsweise mit einem zweimal ineinander gefalteten DIN-A4-Blatt (siehe Seite 67).

Lebenslauf

Horst Hallhuber
Hasengasse 9
18456 Bergisch-Gladbach

Foto

Persönliche Daten

geboren am 13.03.1970 in Neuss
ledig, ortsungebunden

Ausbildung

1979 – 1988	Maria-Sibylla-Merian-Gymnasium (Abitur)	Krefeld
1989 – 1994	Studium der Romanistik, Germanistik und Publizistik an der Universität Düsseldorf (Abschluss: Diplom)	Düsseldorf

Berufserfahrung

1995 – 1997	Dramaturg am „Theater Freies Schauspiel"	Köln
1997	Freie Mitarbeit im Forschungsprojekt „Kritische Prosa im Werk Alfred Polgars" der „Deutschen Dramaturgischen Gesellschaft"	Frankfurt a. M.
1997 – 1998	Freie Mitarbeit in der Feuilleton-Redaktion der Zeitschrift „Kultur + Kritik"	Köln
seit 1998	Freie Mitarbeit im „Wort für Wort – Schreibpool"	Köln
1999 – 2001	Freiberuflich als Redenschreiber	Bergisch-Gladbach

Hobbys/Ehrenamt

seit 1997	Mitglied von „Reporter ohne Grenzen", Sektion Deutschland

Persönliches Profil

Horst Hallhuber

Texterstellung und Redaktion

- Erstellen von Reden zu politischen und privaten Anlässen
- Journalistische Erfahrung im Bereich Feuilleton
- Erstellen von Programmheften
- Übersetzung und Bearbeitung von Theaterstücken
- Lektorate

Sprachen

- Neue deutsche Rechtschreibung: perfekte Kenntnisse
- Englisch und Französisch: fließend
- Latein: Grundkenntnisse

Sonstige Fähigkeiten

- Kenntnis der Schreibprogramme auf Mac und PC
- professionelle Nutzung des Internets

Besondere Stärken

- Sicherheit in Stil und Ausdruck
- Fähigkeit, komplizierte Sachverhalte kurz und prägnant zu formulieren
- sehr gute Allgemeinbildung in den Bereichen Kultur und Politik
- hohes Maß an Eigeninitiative und Leistungsbereitschaft

Chancen verkleiden sich für gewöhnlich als harte Arbeit, sodass die meisten Menschen sie nicht erkennen.

Ann Landers

Sie wollen eine **Rede** schreiben und wissen nicht wie?

Ich verfasse
schnell,
individuell,
zuverlässig
und preisgünstig
Ihre Rede
zu öffentlichen
und privaten Anlässen!

Horst Hallhuber

Foto

Freier Autor und
Redenschreiber
Hasengasse 9
18456 Bergisch-Gladbach
Tel.: (0 53 21) 99 36
E-Mail: Hallhuber@return.de

Sie wollen eine **Rede** schreiben und wissen nicht wie?

Ich verfasse
schnell,
individuell,
zuverlässig
und preisgünstig
Ihre Rede
zu öffentlichen
und privaten Anlässen!

Horst Hallhuber
Geboren am 13.03.1970
in Neuss

Berufserfahrung
Freiberuflich als Redenschreiber seit 1999
Mitarbeit als freier Autor im Schreibpool „Wort für Wort" seit 1998

Studium
Romanistik, Germanistik und Publizistik an der Universität Düsseldorf (Abschluss: Diplom)

Mein Angebot
- Erstellen von Reden zu politischen und privaten Anlässen
- Übersetzung und Bearbeitung von Theaterstücken
- Lektorate

Sprachen
- Neue deutsche Rechtschreibung: perfekte Kenntnisse
- Englisch und Französisch: fließend
- Latein: Grundkenntnisse

Und nicht zuletzt ...
- Sicherheit in Stil und Ausdruck
- Fähigkeit, komplizierte Sachverhalte kurz und prägnant zu formulieren
- sehr gute Allgemeinbildung in den Bereichen Kultur und Politik

Kundenreferenzliste

Hut ab! Für diese ganzen Firmen haben Sie schon gearbeitet? Beeindrucken Sie auch Auftraggeber in spe mit dieser Liste, indem Sie sie Ihren Unterlagen beifügen. Mehr gibt's dazu eigentlich nicht zu sagen.

Referenzen

Referenzen sind die Zeugnisse des freien Mitarbeiters. Die bekommen Sie allerdings nicht nachgeworfen, sondern darum müssen Sie sich selbst aktiv kümmern. Bitten Sie Firmen, für die Sie erfolgreich gearbeitet haben, Ihnen dies in schriftlicher Form zu bestätigen.

Weg mit den überflüssigen Pfunden

So, sind Ihre Unterlagen komplett? Ach, du dickes Ei, was ist denn das für ein Paket?! Nein, stellen Sie die Sackkarre mal gleich wieder weg! Wer soll denn das alles lesen?! Haben wir etwa gesagt, dass Sie *alles* eintüten sollen?! Denken Sie doch bloß mal an das Porto, dass Sie das kostet!

Ein Brief darf drei DIN-A4-Blätter normales 80 Gramm-Papier enthalten, dann wiegt er 19 Gramm. Das bedeutet: normale Briefmarke für 1,10 DM. Ab 20 Gramm wird's beträchtlich teuer. Hier lohnen sich ein kühler Kopf und eine Briefwaage.

Wie gesagt: Einzelne Mailings an ausgewählte Empfänger sind was anderes. Eine dicke Mappe mit Referenzen und Arbeitsproben wiegt nun mal was und darf auch was kosten. (In einem DIN-A4-Umschlag für 3,– DM Porto können Sie schon einen ganz ordentlichen Packen Papier verschicken!)

Wenn aber unser guter alter Horst z. B. „nur auf Verdacht" alle Angehörigen von runden Geburtstagskindern anschreibt (und das können leicht mal ein paar hundert sein), dann wiegt er natürlich seinen Brief plus Folder genauestens aus!

Wie ist Ihr Mailing gestaltet?

So, *was* Ihr Mailing enthält, haben wir ja schon herausgefunden – bleibt noch der zweite Punkt, der uns in diesem Zusammenhang interessiert, nämlich *wie* Sie Ihr Mailing optisch gestalten. Beim Thema Folder haben wir es schon erwähnt: Sie können großen oder kleinen Aufwand treiben. Stellen wir uns mal vor, Sie entscheiden sich für die aufwendige Variante: Sie beauftragen eine Profi-Agentur mit der Gestaltung Ihrer Werbemittel.

Vorteil: Ihre Unterlagen sehen professionell aus und Sie sparen viel Zeit, denn alles selbst zu gestalten, ist unter Umständen langwierig.

Nachteil: Ihnen entstehen höhere Kosten, wobei natürlich zwischen einer renommierten Werbeagentur und dem begabten Computer-Frickler aus Ihrem Freundeskreis, der sich so etwas auch zutraut, noch ein himmelweiter Unterschied besteht! Grundsätzlich hängt die Entscheidung Fremdvergabe oder Selberbasteln von Ihrem Auftragsvolumen, Ihrem Jahresumsatz und Ihrer eigenen bzw. der Ihnen zur Verfügung stehenden graphischen Begabung ab.

Das bedeutet: Nicht am falschen Ende sparen, aber sich auch nicht gleich zu Beginn finanziell übernehmen ...! Wie vieles im Leben des freien Mitarbeiters ist auch das eine Gratwanderung. Sie sind anfangs leider in der Situation, dass Sie erst mal investieren und Geld vorschießen müssen, sei es für Ihre Werbemaßnahmen, für die Anschaffung von Hardware und eventuell für die Einrichtung eines Büros etc. Seien Sie, was Ihre Ressourcen angeht, ehrlich zu sich selbst!

Ein Kessel „Buntes"

Sie brauchen nicht nur eine tipptopp aussehende Visitenkarte, Ihre gesamten schriftlichen Unterlagen gelten als Ihre „Visitenkarte" – der erste Eindruck, den man von Ihnen erhält. Holen Sie sich deshalb schon frühzeitig ein Feedback: Fragen Sie Ihre Freunde, Bekannten, Eltern, Leute auf der Parkbank, wie sie Ihre Werbemittel finden, welcher Eindruck bei ihnen entsteht. Brüten Sie nicht im eigenen Kämmerlein allein vor sich hin – die Gefahr, dass Sie betriebsblind werden, ist groß!!
Sehen wir uns nun noch mal genau an, woran Sie Ihre Gestaltungswut zum Beispiel auslassen können. Zu Ihren Werbemitteln gehören theoretisch:

≈ ein Logo
≈ Visitenkarten
≈ Briefpapier
≈ Werbe-Postkarten
≈ Fax-Vordrucke
≈ Folder
≈ Anzeigen
≈ Homepage

Corporate Identity

Natürlich ist jede Form der äußeren Gestaltung absolut Geschmackssache! Worauf Sie aber achten sollten, ist, dass Ihre verschiedenen Werbemittel optisch einheitlich sind, also – wie man in der Werbebranche so schön sagt – eine CI (Corporate Identity), oder anders gesagt: ein bestimmtes Image, besitzen. Ohne CI kein Wiedererkennungswert, und was wäre Werbung ohne Wiedererkennungseffekt?!
Nehmen wir ein Beispiel, wieder einmal Horst und seine Reden, weil's so schön ist!

Horst möchte mit seinen Werbemitteln vor allem einen seriösen, gediegenen Eindruck machen, denn er möchte ja eine eher konservative Zielgruppe mit seinem Reden-Angebot ansprechen. Als Logo hat er sich deshalb einen eleganten Füllfederhalter ausgesucht, der quer auf einem zartgelben Blatt Papier liegt, sozusagen bereit zum Losschreiben. Dieses kleine farbige Bildchen (Füller und Papier) prangt nun stolz auf allen seinen Werbemitteln rechts oben in der Ecke, egal ob Briefpapier oder Visitenkarte und hat eindeutig einen hohen Wiedererkennungswert.

Eine wirkungsvolle und in diesem Fall auch sehr preiswerte Methode, denn Horst hat in seinem Schreibprogramm (Office 2000) eine ClipArt-Datei, aus der er diverse Symbole, Bildchen und grafische Elemente aussuchen und einfügen kann. Wer etwas Individuelleres sucht, kann sich z. B. beim größten Grafik-Anbieter im Internet anmelden und aus über einer Million designter Bilder auswählen. Der kostenpflichtige Service findet sich unter: www.arttoday.com und wird von vielen professionellen Designern benutzt.

Eine CI besteht nun aber nicht nur aus einem Logo, sondern ist so etwas wie der Gesamtauftritt Ihrer Werbemaßnahmen.

Um seriös und gediegen zu wirken, verwendet Horst eine bestimmte, etwas edlere Papiersorte mit Wasserzeichen (z. B. von Gohrsmühle) und verwendet auch immer den gleichen Schrifttyp für seine Briefe. Der gewünschte gediegene Eindruck wird hier also durch die Wertigkeit (edles Papier) und die Kontinuität des Auftritts (Wiedererkennungswert des Logos und des Schrifttyps) erreicht.

Die eigene Homepage

Eine weitere Spielwiese für Ihre CI und eine gelungene Selbstdarstellung ist natürlich Ihre eigene Homepage! Auch hier sollte sich Ihr Image wieder finden, die Seite zu allen anderen Akquisitionsmitteln passen. Für diejenigen, die noch keine Homepage haben, hier ein paar Tipps, was sie damit alles so anstellen können und wie sie möglichst schnell und günstig an eine solche kommen. (Leser, die bereits ihre eigene Website haben bzw. keine brauchen, lesen weiter ab Seite 77.)
Sehen wir uns also erst mal an, was für Vorteile eine eigene Website eigentlich haben kann (außer dem offensichtlichen natürlich, dass es sich schick anhört, eine zu haben!):

Mit einer eigenen Website können Sie beispielsweise

- sich selbst und Ihr Angebot präsentieren;
- schnell und unaufwendig auf Veränderungen am Markt reagieren;
- neue Kunden und Auftraggeber gewinnen;
- Ihren Kundenstamm pflegen und mit Informationen versorgen;
- Arbeitsproben präsentieren;
- Aufträge online entgegennehmen.

Was brauchen Sie für eine eigene Website?

Zunächst geht es um die absoluten Basics, die nötig sind, damit Sie irgendwann stolz auf Ihre eigene Homepage verweisen können.

Was Sie an Hardware brauchen, ist:

- einen Computer, der möglichst schnell ist, also viel RAM bzw. Haupt- oder Arbeitsspeicher (RAM steht für random access memory) hat. (32 MB Arbeitsspeicher sind das absolute Minimum, empfehlenswert ist eher das Doppelte);
- einen ISDN-Adapter oder eine ISDN-Karte (häufig auch schon im Computer integriert) oder ein Modem, um Ihren Computer mit dem Internet zu verbinden; Informationen zu ISDN und der

neuesten Zugangstechnik DSL (Digital Subscriber Line, dem Netz-Turbo!) bekommen Sie z.B. auf der Website der Telekom *www.telekom.de/isdn/infocenter*. Der Vorteil von ISDN oder DSL ist, dass Sie mehrere Leitungen gleichzeitig benutzen können. Sie können also online sein UND telefonieren.

≈ einen Internet-Zugang über einen Internet-Provider. Da es neben den Online-Diensten (wie Amerika online, CompuServe oder Microsoft Network) und den Telefongesellschaften (wie t-online, Mannesmann arcor oder VIAG Intercom) noch diverse andere Internet-Provider gibt, sollten Sie sich zunächst auf der Seite *ww.yahoo.com/Business_and_EconomyCompanies/Internet_Services/Access_Providers* oder *www.thelist.iworld.com* über die verschiedenen Provider-Angebote informieren. Außerdem brauchen Sie

≈ einen Domain-Namen;

≈ einen E-Mail-Zugang;

≈ Speicherplatz für Ihre Website.

Was Sie an Software benötigen, ist:

≈ eine Einwahlsoftware, um die Verbindung mit dem Internet herstellen zu können; (Windows 95/98 oder Windows NT haben z.B. schon eine Einwahlsoftware eingebaut);

≈ ein E-Mail-Programm, um elektronische Mail verschicken und empfangen zu können;

≈ einen Browser, um im World Wide Web surfen zu können. Am weitesten verbreitetet sind der Netscape Navigator und der Microsoft Internet Explorer. Diese beiden enthalten übrigens schon ein E-Mail-Programm.

Im Allgemeinen wird Ihnen Ihr Internet-Provider die Software, die Sie als grundlegende Werkzeuge benötigen, zur Verfügung stellen.

www.meine-web-praesenz.de – Ihr Domain-Name

Der Name Ihrer Webadresse wird auch „Domain" genannt. Eigentlich basiert das Adressensystem im Internet ja auf Zahlen, aber da sich wohlklingende Namen (wie yahoo oder immobilienscout) besser merken

lassen als Zahlenkombinationen, hat man die so genannten Domain-Namen eingeführt. Auf diese Weise lassen sich auch Unternehmen im Netz leicht finden. Wenn Sie den Namen eines Unternehmens eingeben und ein .com oder .de anhängen, haben Sie meist schon die richtige Adresse erwischt (z. B. *www.n-tv.de* oder *www.nivea.de*).
Wenn Sie eine eigene Domain anmelden wollen, finden Sie nähere Informationen unter *www.denic.de/DENICdirekt*

Web-Einstieg leicht gemacht

Heutzutage wird Existenzgründern das Einrichten der eigenen Website leicht gemacht: Über die Telekom können Sie beispielsweise mit dem Service „web and go" Schritt für Schritt von der Konzeption bis zur fertigen Website alles selbst erstellen (*www.telekom.de/isdn/infocenter* unter der Rubrik „Rund ums Internet"). Die Preise für das Existenzgründer-„Start-up"-Paket sind moderat. Monatlich fallen ca. 50,– DM Gebühren an, für die Installation zahlen Sie ca. 100,– DM. Wer schnell und kostenlos eine eigene Website konzipieren will (allerdings geht es hier mehr um die Hobby-Spaß-Version), findet diesen Service z. B. bei *www.geocities.com* oder bei Amerika online (AOL).

Eine eigene Welt im World Wide Web

Die Gestaltung Ihrer Website ist ein so weites Feld, dass wir hier nur ganz grundsätzlich darauf eingehen können. Wichtigste Voraussetzung für Erfolg ist auch hier, dass Sie Ihre Zielgruppe möglichst genau kennen und wissen, welche Informationen diese Gruppe von Leuten von Ihnen erwartet.

Prinzipiell möchte der Besucher Ihrer Website ...

- freundlich und zuvorkommend begrüßt und behandelt werden;
- nicht mit Fremdwerbung überschüttet werden, bevor er auch nur Zeit hatte, sich umzusehen;
- aufmerksam begleitet und zielstrebig zu seinem Ziel geführt werden;
- kurz: finden statt suchen!

Wie auch eine Analyse von McKinsey-Marktforschern (McKinsey ist eine der größten Unternehmensberatungen) bestätigt hat, ändert der Verbraucher, der Kunde oder einfach der Mensch seine Gewohnheiten und Vorlieben im Netz nicht! Alles, was Sie also über das Verhalten Ihres Kunden wissen, gilt auch für sein Verhalten auf Ihrer Website.

Verweisen Sie auf Ihre E-Mail-Adresse

Auf Ihrer Website sollten sich unbedingt Ihre kompletten Kommunikationsdaten und vor allem die E-Mail-Adresse befinden, z. B. unter der Überschrift „Kontakt". Wem Ihre Website und Ihr Angebot gefällt, der kann Sie mit einem Klick erreichen, einen ersten Kontakt aufnehmen oder auch direkt einen Auftrag erteilen. Das geht schnell und einfach, und die Hemmschwelle für Ihren Kunden, einen wildfremden Menschen anrufen zu müssen, fällt erst mal weg.
Um auf Ihrer Website diesen Service anbieten zu können, müssen Sie einen Link mit dem Attribut „mailto:" erstellen. Bei dieser Art von Link öffnet sich automatisch nach dem Klick ein E-Mail-Programm. Achten Sie aber unbedingt darauf, dass Ihre E-Mail-Adresse auch nochmals ausdrücklich genannt wird, denn es kann Benutzer geben, die nicht die technischen Möglichkeiten haben, den Link zu bedienen. Diese können Ihnen dann auf dem „klassischen" Weg E-Mails schicken.

Tipp

Fragen Sie alle Kunden immer auch nach ihrer E-Mail-Adresse. In kürzester Zeit können Sie sich eine Mailingliste erstellen und Informationen schnell und billig an alle weitergeben. Eine der einfachsten Methoden ist, dass Sie Ihre Kundenkartei z. B. in Excel anlegen und mit Ihrem normalen E-Mail-Programm verknüpfen. Verwenden Sie aber unbedingt die Zeile „Bcc:" für das Adressfeld. Wenn Sie nämlich den Namen Ihres Adressbuches oder Ihrer Mailingliste in das Feld „An:" oder „to:" setzen, bekommt jeder einzelne Empfänger auch sämtliche anderen E-Mail-Adressen aus Ihrer Liste, und das können mehrere Seiten sein, wenn Ihre Liste schon ziemlich angewachsen ist. (Genervte Kunden vorprogrammiert!)

Eine Website ist wie ein Haustier

Bleibt noch die Frage, ob Sie sich selbst an die Erstellung Ihrer Website wagen oder ob Sie das lieber in die professionellen Hände einer Webdesign-Firma legen wollen. Egal, wie Sie sich entscheiden: Auf jeden Fall sollten Sie so gut informiert sein, dass Sie selbst Ihre Seite ständig kontrollieren und aktualisieren können. Eine Website macht viel Arbeit, denn sie ist wie ein Haustier, das ständig Futter und Pflege braucht. Und Sie würden Ihren Goldhamster doch auch nicht einfach fremden Menschen überlassen?! Also, kümmern Sie sich selbst darum. Vertrauen ist gut, Kontrolle ist besser! Außerdem sparen Sie viel Geld, denn ein Webmaster arbeitet schließlich nicht umsonst. Es gibt auch für Computer-Einsteiger sehr gute Bücher, mit denen man sich an das Thema eigene Website heranwagen kann (siehe im Internet unter *www.mut.de/abc*).

10 Tipps für eine wirklich coole Website

1. *Vermeiden Sie Textwüsten – auf Websites sollten nur kurze Texte sein.*
2. *Ruhig gestaltete oder freie Flächen sind als Ausgleich wichtig – das Auge ermüdet schnell.*
3. *Fotos lockern die Website auf, machen die Seite interessanter und zugänglicher als reine Textseiten.*
4. *Die Verlinkung muss sauber sein und perfekt klappen – probieren Sie es immer wieder selbst aus. (no broken links!)*
5. *Vermeiden Sie Überfrachtung mit Werbung. (Inzwischen weiß man, dass Banner-Werbung im Netz nicht funktioniert, sondern die User nur nervt.)*
6. *Mixen Sie nicht zu viele Farben und Schriften, sonst wird es nur unübersichtlich und man findet sich nicht mehr zurecht.*
7. *Sagen Sie dem Benutzer, wie er sich auf der Webseite verhalten soll.*
8. *Rechtschreib- oder Grammatikfehler unbedingt vermeiden.*
9. *Platzieren Sie Ihre Kommunikationsdaten deutlich und übersichtlich, am besten unter der Rubrik „Kontakt".*
10. *Der Hintergrund darf die Lesbarkeit des Textes nicht beeinträchtigen, so klasse er auch sonst vielleicht aussieht! (Winzige blaue Buchstaben auf grau gesprenkeltem Hintergrund können extrem nervtötend sein!)*

Stellenanzeigen

Okay, nachdem Sie sich nun tapfer durch den Technik-Dschungel gekämpft haben, kommen wir wieder ganz bodenständig auf unser ursprüngliches Thema zurück, nämlich auf die Frage, wie Sie an Arbeit und Aufträge kommen. Auf welche Weise Sie selbst initiativ werden können, wie Sie potenzielle Auftraggeber für sich interessieren und hinter dem Ofen hervorlocken können, haben Sie ja bereits hervorragend verinnerlicht – nun kommen wir auf eine weitere Möglichkeit zu sprechen: Auf die Existenz von Stellenanzeigen, in denen jemand gesucht wird, der genauso ist wie Sie ...

Jawohl, es gibt sie! Und es soll auch vorkommen, dass sie sich direkt an freie Mitarbeiter wenden. Wie lassen sich jetzt aber diese seltenen Perlen im Anzeigenwald schnell und einfach finden? Na logisch, mit der systematischen Suche, und die funktioniert ganz simpel: Sowohl in den Zeitungen als auch in vielen Jobbörsen sind die Angebote für freie Mitarbeiter schon im Index extra gekennzeichnet.

Internet

Die meisten Jobbörsen bieten eine so genannte Kurztextsuche (oder Schlagwortsuche) an. In das kleine Leerfeld geben Sie nun als Erstes die Stichworte „freie Mitarbeit" ein und schon spuckt der Computer die herausgefilterten Angebote aus. Oder – wenn Sie sich genauso gut eine Festanstellung vorstellen können – gehen Sie den klassischen Weg und wählen Branche und Berufsbezeichnung aus.
Über die Suchmaschinen wie z. B. yahoo, altavista oder fireball finden Sie zu jeder Zeit alle aktuellen Jobbörsen-Adressen. Hier nur ein paar Beispiele:

≈ *www.jobpilot.de*
≈ *www.jobticket.de*
≈ *www.karrieredirekt.de*
≈ *www.stellenboerse.de*
≈ *www.jobs.zeit.de*
≈ *www.stepstone.de*
≈ *www.stellen-online.de*
≈ *www.stellenmarkt.de*
≈ *www.berufsstart.de*
≈ *www.berufswelt.de*
≈ *www.jobwelt.de*
≈ *www.jobmagazin.de*

Und speziell für die IT-Branche:
www.dv-job.de
www.computerwoche.de

Printmedien

Sehen Sie im Index unter „F“ wie freie Mitarbeit nach! Die Samstagsausgaben der überregionalen Tageszeitungen enthalten Beilagen mit umfangreichem Stellenmarkt (Fach- und Führungskräfte) und redaktionellen Beiträgen zum Thema Beruf und Karriere. Übrigens finden Sie den Anzeigenteil der jeweiligen Zeitung natürlich auch im Internet. Ein Blick lohnt sich in folgende Blätter:

- *Frankfurter Allgemeine Zeitung (FAZ)*
- *Süddeutsche Zeitung*
- *Die Welt*
- *Die Zeit* (erscheint donnerstags mit Stellenmarkt)
- *Handelsblatt* (Wirtschaft, Finanzen)
- *VDI Nachrichten* (Technik, Wirtschaft, Gesellschaft)

Achtung: Wichtige Quelle für Stellenanzeigen sind auch die Fachzeitschriften Ihrer Branche!

Sehr schön! Die Ausbeute ist naturgemäß nicht riesig, aber immerhin haben Sie einige interessante Angebote ins Auge gefasst! Jetzt geht es darum, zügig mit der Versendung Ihrer schriftlichen Unterlagen zu reagieren.
Ach so, denken Sie jetzt: Das Thema „schriftliche Unterlagen“ haben wir ja schon durchgeackert! Na, denkste! Zwischen Ihrer Initiativbewerbung und der Antwort auf ein Stellenangebot gibt's schon noch einige Unterschiede, die Sie beachten sollten. Haben wir da gerade einen tiefen Seufzer gehört?! Kopf hoch, bald haben Sie es geschafft!
Und um Sie zu beruhigen: Vieles wissen Sie tatsächlich schon. Worauf es eben nur ankommt, ist, dass Sie sich bei einer Stellenanzeige wirklich ganz konkret auf diese beziehen müssen. Während Sie in Ihrem Initiativanschreiben versucht haben, zunächst einen Bedarf an Ihren unschätzbaren Diensten zu wecken, ist jetzt der Bedarf bereits vorhanden, und der Empfänger Ihrer Post hat schon genaue Vorstellungen von dem gesuchten Wunderwesen entwickelt.

Das überzeugende Anschreiben

Die alte Leier: Recherchieren Sie! Nein, ohne geht's nicht. Sie müssen wieder alles über die jeweilige Firma und den Auftraggeber herauskriegen, was nur möglich ist.
Mit Ihren dabei gewonnenen Informationen sind Sie bestens gerüstet, den potenziellen Auftraggeber von sich zu überzeugen. Sie kennen seine Ziele und nun kennen Sie auch sein Problem: Er braucht einen Mitarbeiter, der über ein ganz bestimmtes Know-how verfügt, kurz: er braucht Sie. Deshalb:

≈ Legen Sie ihm die Lösung seines Problems so nahe, dass er gar nicht anders kann als zuzugreifen und Sie zu beauftragen.

Wie das gehen soll? Na, passen Sie auf: Nehmen Sie Bezug auf die von ihm in der Anzeige formulierten Forderungen (meistens eingeleitet durch ein „Sie sind ..." oder „Wir erwarten ..."), jedoch *ohne* sie wörtlich nachzubeten. Wenn z. B. eine der Erwartungen darin besteht, dass sich der gesuchte Mitarbeiter in Marketingstrategien auskennen soll, dann sollten Sie Ihre konkreten Marketingerfahrungen auch nennen. Gehen Sie also möglichst auf jede der Forderungen ein, damit ein berufliches Profil sichtbar wird, das haargenau auf die Stellenbeschreibung passt. Puh, Sie meinen, dann würde das Anschreiben aber fünf Seiten lang?! Keineswegs, denn wir haben ja nicht behauptet, dass Sie alle Aspekte schon im Anschreiben abarbeiten sollen. Wenn Sie hier Ihre – sagen wir mal – drei wichtigsten Pluspunkte nennen (und es ansonsten auch noch schaffen, Ihre Persönlichkeit zu zeigen und dem Brief Ihren Stil zu verpassen, zur Erinnerung siehe Seite 49 ff.), sind Sie im grünen Bereich. Für alle weiteren Aspekte, die in der Anzeige angesprochen werden, gibt es die Seite „Persönliches Profil", die Sie Ihrem Anschreiben beifügen. Hier können Sie Ihre weiteren Erfahrungen und Kenntnisse (z. B. Sprachkenntnisse, Computerkenntnisse ...) beschreiben. Aber nur, wenn Sie zu der Stellenbeschreibung auch passen; langweilen Sie den Empfänger nicht mit Aufzählungen von Tätigkeiten, die ihn nicht interessieren. Lassen Sie Ihren legendären Vortrag über die Gefahr von Parodontose bei zu eiweißarm ernährten Goldhamstern weg!

Bewerbung per E-Mail – ja oder nein?
Wann will ein Auftraggeber Ihre Bewerbung per E-Mail bekommen?

- Wenn als Erstes in der Anzeige eine E-Mail-Adresse genannt ist (also vor der postalischen Adresse);
- wenn ausdrücklich darauf hingewiesen wird („Online-Bewerbungen erwünscht“);
- wenn Sie sich an eine größere IT-Firma wenden;
- wenn Sie ein Angebot einer Firma in einer der Jobbörsen aufgespürt haben und dort die Online-Bewerbung gleich per Fragebogen zu Ihrer Person vorgesehen ist.

In den ersten drei Fällen unterscheidet sich Ihre schriftliche Kontaktaufnahme kaum von der postalisch versandten, denn auch Ihre Kontaktaufnahme per E-Mail enthält:

- ein nach allen Regeln der Kunst verfasstes, fehlerloses, höfliches, persönlich an den richtigen Ansprechpartner adressiertes Anschreiben,
- kombiniert mit einem Profil Ihrer Fähigkeiten,
- einer groben Übersicht über Ihren Lebenslauf und
- ggf. eine kleine Auswahl an Arbeitsproben.

An der Frage, ob man per E-Mail Foto und Referenzen beifügen sollte, scheiden sich die Geister ... Wir raten eher davon ab, denn je übersichtlicher die gesamte Mail ist und je weniger speicherintensive Attachments der Empfänger beim ersten Kontakt öffnen muss, um so besser. Ganz wichtig: Bieten Sie immer an, dass Sie gern bei Bedarf weitere Arbeitsproben, Referenzen etc. nachliefern. (Falls Sie keinen richtig guten Scanner haben, tun Sie das nicht per Mail sondern per Post.)
Unbedingt auszufüllen: Die Betreffzeile Ihres E-Mail-Programms!! Mails ohne Betreff sind auf den ersten Blick nicht zuzuordnen und werden oft ungelesen gelöscht. Ansonsten gilt hier das Gleiche wie für die Betreffzeile in Ihrem Anschreiben: Geben Sie Ihrem Empfänger eine Orientierungshilfe, um was es in Ihrer Mail geht.

Das unromantische Quickie: Die Fragebogen-Bewerbung

Trockene Fakten, Zeile für Zeile abgefragt – so sieht die Online-Fragebogen-Bewerbung aus. Kein Spielraum für Ihre Selbstdarstellung, kein Platz für Ihre Persönlichkeit ... Hier geht es wirklich nur um nüchterne Datenaufnahme. Doch halt!

Eine Sparte birgt ungeahnte Möglichkeiten! Die Chance für eine individuelle Note findet sich in der Sparte „Überschrift". Selbstdarstellungskünstler aufgepasst: Wecken Sie mit einem Satz (bzw. einer Überschrift) das Interesse und die Neugier des Lesers! Unbedingt zu vermeiden: Hohle Phrasen und Plattitüden wie „Hochmotivierter Mitarbeiter sucht Herausforderung ..."

Schreiben Sie lieber etwas, das konkret auf Ihre Qualifikation Bezug nimmt, z. B. „Spezialistin für die Implementierung von CAM-Systemen immer noch auf freiem Fuß ..." oder „Schnappt Shorty! Besessener Kurzfilmregisseur sucht neue Erfahrungen ..."

You never get

... auf in den Ring!

Na, hatten wir Ihnen nicht prophezeit, dass unsere Strategie erfolgreich sein würde?! Jetzt heißt es cool bleiben! Sie haben den Fuß schon in der Tür, nur nicht zurückzucken. Der erste Eindruck zählt schließlich – nicht nur für Ihren Auftraggeber, auch für Sie!

a second chance

Vorbereitung ist alles

Aufgeregt? Na, kein Wunder! Holen Sie mal schnell den alten Zettel hervor, den Sie auf Seite 29 verfasst haben, um sich als freier Mitarbeiter in die richtige Stimmungslage zu versetzen (wahrscheinlich klebt er noch an Ihrem Badezimmerspiegel!). Richtig, da standen doch so wunderbare Sätze wie: „Ich bin für mich selbst verantwortlich. Ich kann meine Auftraggeber frei wählen. Ich bin unabhängig. Ich kann selbst entscheiden ..."
Gefunden?! Okay, dann auswendig lernen und bis zum Akquisitionsgespräch mehrfach bei Bedarf aufsagen! Und eigentlich besteht ja auch kein Grund zur Sorge, denn Sie haben zwar einen Heiratsantrag losgeschickt, aber wollen sich ja gar nicht bis ans Lebensende binden. Sondern zunächst nur für einen Auftrag. Und wenn's gut läuft und alle Beteiligten (auch Sie selbst!) zufrieden sind, für einen nächsten – und dann für einen nächsten usw.
Überlegen Sie sich, was der Auftraggeber von Ihnen wissen muss, um Ihnen (und nicht jemand anderem) den Auftrag zu erteilen. Im Normalfall trägt er mindestens vier bohrende Fragen in sich (übrigens die gleichen wie bei einer Festeinstellung), wobei die Reihenfolge und Gewichtung dieser Fragen von der Persönlichkeit des Entscheiders abhängt.

Was der Auftraggeber wissen will, ist

- ob Ihre Fähigkeiten auch wirklich den Anforderungen des Auftrages entsprechen. (Das haben Sie zwar schon in Ihren schriftlichen Unterlagen behauptet, aber die Behauptung allein nützt leider gar nichts, wenn Sie ihn nicht durch Ihre Persönlichkeit überzeugen und sein Vertrauen erringen können.)
- warum Sie ausgerechnet vor seinem Schreibtisch sitzen. (Warum wollen Sie für diese spezielle Firma arbeiten? Hier können Sie mit den Ergebnissen Ihrer Recherche trumpfen, denn Sie wissen, warum seine Firma etwas ganz Besonderes ist.)
- was für ein Mensch Sie sind. (Natürlich fragt er sich, ob Sie teamfähig und vertrauenswürdig sind, ob Sie Humor haben und man

sich auch in Stresssituationen auf Sie verlassen kann. Gehen Sie davon aus, dass er mehrere Bewerber gleicher Qualifikation für den Auftrag kennen lernt. Entscheidend für seine Wahl ist also „das gewisse Etwas", Ihre Persönlichkeit.

≈ was Sie ihn kosten werden. Auf diese Frage sollten Sie unbedingt eine Antwort wissen, auch wenn darüber erst verhandelt wird, nachdem die Entscheidung für Sie gefallen ist. (Wir gehen auf das Thema Honorarverhandlungen ab Seite 95 noch ausführlich ein.)

Da Ihr Auftraggeber und Sie ja gleichwertige Partner sind, die ein für beide Gewinn bringendes Geschäft abschließen wollen, ist es nur legitim, dass auch Sie im ersten Gespräch Antworten auf Ihre dringlichsten Fragen erhalten.

Was Sie sich unbedingt fragen sollten, ist

≈ ob Sie mit diesem Menschen, der Ihnen da gegenübersitzt, wirklich ein Geschäft abschließen wollen. (Ob Sie mit ihm zusammenarbeiten wollen, Vertrauen zu ihm entwickeln können, kurz: ob er Ihnen sympathisch ist.)

≈ ob Sie (auch nach ausführlicherer Information immer noch) meinen, den Auftrag mit Ihrer Erfahrung und Ihren Fähigkeiten ausführen zu können.

≈ ob Ihre Kosten-Nutzen-Relation aufgeht. (Wie viel Zeit und Energie wird der Auftrag in Anspruch nehmen? Was steht auf der Gegenseite: Eine wirklich spannende Aufgabe, ein ordentliches Honorar, ein viel versprechender Kontakt etc ...?)

Auf dem Präsentierteller

Müssen wir erwähnen, dass Sie frisch geduscht, rasiert bzw. dezent geschminkt, zart duftend, ohne eine Wolke schwülstigen Parfums oder Aftershaves, in gereinigten, gestärkten, gebügelten, geschmackvoll aufeinander abgestimmten Klamotten, mit sauberen Fingernägeln und geputzten Schuhen mit neuen Absätzen bei diesem Gespräch auftauchen??! Nein? Gut, Themawechsel.

Ihr Zehn-Minuten-Monolog

Sie haben die vier Fragen des Auftraggebers im Kopf und bereiten sich natürlich inhaltlich bestens auf die Antworten vor. Üben Sie, mindestens zehn Minuten am Stück unterhaltsam und interessant über sich selbst zu sprechen, über Ihre momentane Situation, Ihre Motive für den weiteren beruflichen Weg, Ihre Erfahrungen.

Bitten Sie z. B. einen Freund, Ihnen zuzuhören oder Sie mit einer Videokamera aufzunehmen und analysieren Sie kritisch das Feedback, das Sie bekommen:

- *Wie war Ihre Körperhaltung? Locker oder verkrampft, dem Zuhörer zugewandt?*
- *Wie war Ihre Atmung: flach und schnell oder langsam und tief? Waren Ihre Hände und Füße ruhig oder zappelig?*
- *Haben Sie den Augenkontakt gehalten?*
- *War Ihre Rede flüssig oder stockend mit vielen „Ähhs"?*

Die 5 wichtigsten Tipps für einen wirkungsvollen Auftritt:

Arbeiten Sie an sich und Ihrem Auftritt, bis Sie sich sicher fühlen und beachten Sie dabei unsere folgenden Tipps.

1. Achten Sie auf eine aufrechte Körperhaltung, denn nur so können Sie tief in den Bauch atmen (was die optimale Sauerstoffversorgung Ihres Gehirns garantiert – wichtig in Stress-Situationen und erste Hilfe bei Blackouts!)
2. Halten Sie den Augenkontakt zu allen Anwesenden. Oft sind bei Akquisitionsgesprächen mehrere Personalentscheider anwesend. Beobachten Sie die Reaktionen auf Ihre Redebeiträge und reagieren Sie darauf: Sind alle interessiert oder langweilen sich die Zuhörer? Beziehen Sie durch Ihren Augenkontakt alle Personen mit ein.

3. Verkaufen Sie nicht Ihr „Produkt" oder Ihre Dienstleistung, sondern präsentieren Sie sich als Person! Geben Sie dem Gegenüber Gelegenheit Sie kennen zu lernen, denn nicht Ihr Können, sondern Ihre Persönlichkeit wird den Ausschlag für die Entscheidung geben.
4. Loben Sie sich nicht selbst, sondern erzählen Sie Positives aus der Sicht anderer, die mit Ihnen sehr zufrieden waren. Wie in Ihrem persönlichen Brief gilt auch hier: Eigenlob stinkt, aber Ihre Erfolge mit den Worten früherer Auftraggeber zu beschreiben, ist legitim und weckt Vertrauen in Ihre Fähigkeiten.
5. Zeigen Sie durch kluge Fragen, dass Sie mitdenken, dass Sie inhaltlich gut vorbereitet sind, sich im neuen Betrieb quasi schon auskennen.

Na, das sieht doch wirklich schon sehr beeindruckend aus! Also ehrlich, wir würden Ihnen den Auftrag geben und zwar sofort! Damit Sie sich aber weiterhin in jeder Situation so toll präsentieren können, müssen wir noch auf ein anderes Thema zu sprechen kommen: auf Ihre Akquisition am Telefon.

Die Telefonakquise

Telefonieren heißt nicht nur sprechen. Komischer Satz? Sie dachten immer, telefonieren besteht aus Hörer abnehmen, wählen und Wortanhäufungen loslassen? Weit gefehlt:
Beim Telefonieren kommt es immer auf die Kombination aus Stimme, Wortwahl, Sprechgeschwindigkeit, Inhalt, Gestik, Mimik, Kleidung, Laune und Umgebung an!
Ach ja?! Wieso denn Gestik und Mimik? Webcams sind doch noch gar nicht so weit verbreitet?! Na, wir sehen schon, da haben wir noch ein hartes Stück Arbeit vor uns ...
Auf den nächsten Seiten zeigen wir Ihnen einige Aspekte auf, die erfolgreiches Telefonieren garantieren.

Stimme

Kennen Sie auch Leute, die Sie nicht gern anrufen, weil sie eine schrille oder leiernde oder viel zu hohe Stimme haben? Unser Stimmorgan ist ein Instrument, das Wohlklänge und Dissonanzen hervorbringen kann. Hören Sie sich mal zu, und fragen Sie auch Ihre Freunde: Klingt Ihre Stimme angenehm, nicht zu hoch und nicht zu tief, sprechen Sie in Ihrer „Normaltonlage", wie professionelle Stimmtrainer das nennen?

Wortwahl und Sprechgeschwindigkeit

Wenn wir uns in der Wortwahl und der Sprechgeschwindigkeit auf den Gesprächspartner einstellen, können wir viele Sympathiepunkte sammeln. (Lesen Sie dazu das Kapitel „Von Sinnen" im Anschluss.)

Inhalt

Gut vorbereitet telefoniert es sich leichter! Überlegen Sie genau, was Sie fragen wollen, was Sie erfahren wollen, was Sie Ihrem Gesprächspartner für Informationen mitteilen wollen – bevor Sie dort anrufen.

Gestik und Mimik

Spazieren Sie im Zimmer auf und ab, gestikulieren Sie, zeigen Sie die Emotionen in Ihrem Gesichtsausdruck – der andere sieht es zwar nicht, aber er hört es, denn Ihr Redebeitrag wird viel frischer, lebhafter, abwechslungsreicher rüberkommen. Probieren Sie's aus!

Kleidung

Ebenso hört man es Ihnen an, ob Sie wie aus dem Ei gepellt und zurechtgemacht sind oder ob Sie, den Traumgefilden Ihrer Seele gerade entronnen, im Schlafanzug auf dem Bett liegen – ganz einfach, weil Sie sich anders fühlen, und das überträgt sich auf Ihre Stimme.

Laune

Rufen Sie nicht ausgerechnet dann bei einem Kunden an, wenn Sie gerade einen Riesenkrach hinter sich haben, Ihr Auto abgeschleppt wurde oder Sie sich über sonst etwas schwarz geärgert haben. Wenn Sie nicht ein perfekter Schauspieler sind, wird man Ihren Frust in der Stimme spüren! Auch wenn der Anruf eilt – warten Sie, bis Sie wieder besser drauf sind, sonst versauen Sie sich nur Ihren Auftritt.

Umgebung

Na ja, eigentlich ist es ja selbstverständlich, dass – während Sie mit einem Auftraggeber telefonieren – nicht im Hintergrund das Baby schreit, der Hund kläfft, die Nachbarin Sturm klingelt oder Ihre beste Freundin einen hysterischen Anfall auslebt. Ruhe soll herrschen und zwar auf der ganzen Linie. Sorgen Sie dafür!

Von Sinnen

Der versprochene Nachtrag zum Thema: Wie kann ich mich auf den Gesprächspartner einstellen, um Sympathiepunkte zu sammeln?
Da stellt sich zunächst eine wichtige Frage: Ist Ihr Auftraggeber in spe ein Seh-Mensch, ein Hör-Mensch, ein Fühl-Mensch oder ein Geschmacks-Mensch? Nun gucken Sie nicht schon wieder so verdattert! Natürlich ist jeder Mensch eine Mischung aus allem, denn wir benutzen ja alle Sinnesorgane. Aber trotzdem können Sie rauskriegen, welchen Sinneskanal Ihr Gesprächspartner in der Kommunikation bevorzugt, welche Sinnesorgane bei ihm besonders stark ausgeprägt sind!
Woran Sie das bitte schön merken sollen?! Ganz einfach: Schärfen Sie Ihre eigenen Sinne und hören Sie ihm genau zu. Sagt er Sätze wie:

- „Ich muss mir zunächst ein Bild davon machen" oder „Das sieht ja schon mal gut aus". (visuelle Vokabeln; Seh-Mensch)
- „Das klingt nicht sehr wahrscheinlich" oder „Das hört sich interessant an." (auditive Vokabeln; Hör-Mensch)
- „Ich stehe mit beiden Beinen auf der Erde" oder „Ich kann es nicht fassen". (kinästhetische Vokabeln; Fühl-Mensch)
- „Das hat für mich einen unangenehmen Beigeschmack" oder „In der Kürze liegt die Würze". (gustatorische Vokabeln; Geschmacks-Mensch)

Trick siebzehn besteht nun darin, dass Sie sich auf das bevorzugte Sinnesorgan Ihres Gesprächspartners einstellen, sich in Ihren Formulierungen seiner Sinneswelt anpassen.
Wenn er sagt: „Es kommt eben auf die Zwischentöne an ...", dann antworten Sie nicht: „Ich glaube, Sie haben dafür einen guten Riecher!", sondern z. B.: „Sie klingen wie jemand, der viel Erfahrung hat."
Das Gleiche gilt für die Sprechgeschwindigkeit: Ist Ihr Gegenüber von der langsamen, bedächtigen Sorte, und Sie sprudeln nur so über, wird er Sie nicht besonders Vertrauen erweckend finden, sondern sich überrumpelt fühlen. Spricht er aber schnell und hastig, und Sie lassen sich gar nicht aus Ihrem gemächlichen Trott reißen, wird er mit ziemlicher Sicherheit von Ihrer Sprechgeschwindigkeit auf Ihr Arbeitstempo schließen.
Also, wie schon Charles Darwin festgestellt hat: Anpassung sichert Ihr Überleben!

Money, money,

… von Gesetzen, Geld und Vorsorge

Ganz schön ausgebufft! Wie gekonnt Sie sich schon als „Einzelkämpfer“ durchschlagen, sich perfekt präsentieren und Aufträge an Land ziehen, ist beachtlich! Doch auch bei Ihrer finanziellen Absicherung, bei Behörden und Honorarverhandlungen müssen Sie sich allein durchschlagen. Um wichtige Tipps zu diesen Themen geht es im nächsten Kapitel!

money

Absicherung und Vorsorge

Ein Arbeitnehmer hat es gut! Er muss sich um (fast) gar nichts selbst kümmern, denn monatlich wird automatisch die Hälfte der Prämie für seine Arbeitslosen-, Kranken-, Renten- und Pflegeversicherung von seinem Gehalt abgezogen und für ihn eingezahlt. Die andere Hälfte der Beiträge trägt der Arbeitgeber.
Sind Sie aber freier Mitarbeiter, also selbstständig, spart der Arbeitgeber diesen Anteil, und Sie müssen allein für Ihre Krankenversicherung und Vorsorge für das Rentenalter aufkommen. Im Vergleich zu einem fest angestellten Arbeitnehmer entstehen Ihnen also höhere monatliche Kosten, die Sie in Ihre Kalkulation miteinbeziehen und durch ein vergleichsweise höheres Honorar ausgleichen müssen.

Zu Risiken und Nebenwirkungen: Thema Lohnfortzahlung

Was passiert eigentlich, wenn Sie – was wir nicht hoffen wollen – über einen längeren Zeitraum krank werden? Ein Angestellter bekommt mindestens sechs Wochen lang seine Lohnfortzahlung und ist damit bestens abgesichert. Aber was ist mit einem freien Mitarbeiter? Er geht leer aus, es sei denn, er hat eine (kostspielige!) Krankentagegeldversicherung abgeschlossen, aus der ihm dann pro Tag eine bestimmte Summe ausbezahlt wird.

Siebzig Jahr – graues Haar: Thema Rente

Natürlich fällt es uns schwer, jetzt schon an das Rentenalter zu denken! Über die Sicherheit der staatlichen Rente wird viel gemunkelt und spekuliert, und am liebsten möchte man bei diesem Thema den Kopf in den Sand stecken, frei nach dem Motto: Irgendwer wird später schon für uns sorgen ... Dass dem nicht so ist, können wir uns allerdings an zwei Fingern ausrechnen, allein schon deswegen, weil der Altersdurchschnitt der Bevölkerung hierzulande immer weiter steigt und bald kaum noch Junge da sein werden, die für uns dann im Alter sorgen können. Und als Selbstständiger sind Sie sowieso für sich selbst verantwortlich. Also:

Davon abgesehen, dass ein paar Babys mehr dem Ganzen auch nicht schaden könnten, sollten Sie sich auf jeden Fall vorher gut informieren, wie die beste Vorsorge für später aussehen könnte, ob mit einer Lebensversicherung, Rentenfonds, Immobilien etc.

Schöne Ausnahme: Die Künstlersozialversicherung

Sind Sie selbstständig künstlerisch oder publizistisch tätig, bietet Ihnen das Künstlersozialversicherungsgesetz (KSVG) den gleichen sozialen Schutz wie einem Arbeitnehmer. Genau wie dieser werden Sie renten-, kranken-, und pflegeversichert und zahlen nur die Hälfte der Versicherungsbeiträge. Die andere Hälfte (die sonst der Arbeitgeber übernimmt) wird zu gleichen Teilen aus einer Abgabe der Unternehmen, die künstlerische und publizistische Leistungen verwerten, und einem Zuschuss des Bundes finanziert.
Um in den Genuss dieser Leistungen zu kommen, müssen Sie Ihre Versicherungspflicht durch einen Antrag an die Künstlersozialkasse (KSK) bei der Landesversicherungsanstalt Oldenburg-Bremen feststellen lassen.
Typische Berufsgruppen, die man in der KSK findet, sind: Journalisten, Schriftsteller, Redakteure, Autoren für Bühne, Film und Fernsehen, Komponisten, Tanz- und Popmusiker, Schauspieler, Kabarettisten, Regisseure, Filmemacher, Dramaturgen, Bildhauer, Maler, Videokünstler, Werbe- und Pressefotografen und und und ... Bedingung für die Aufnahme in die KSK ist, wie gesagt, dass diese Tätigkeiten selbstständig ausgeführt werden.

Eh, hasse ma'n Euro? Thema Arbeitslosengeld

Für alle freien Mitarbeiter gleichermaßen – ob sie nun in der KSK versichert sind oder nicht – gilt allerdings, dass sie keinen Anspruch auf Arbeitslosengeld haben, denn als Selbstständige zahlen sie ja keine Beiträge mehr in die gesetzliche Arbeitslosenversicherung ein. Auch hier gilt: vorsorgen und jeden Monat was auf die hohe Kante legen, falls bei den Aufträgen mal eine Durststrecke kommt. Sie sollten in der Lage sein, auch eine längere Phase ohne Einkommen überbrücken zu können!

Mal ehrlich ...

Die Auftragslage ist mal wieder äußerst mau, aber zum Glück spielt Petrus mit und beschert mir und meinem Schmöker eine herrliche Woche am Badesee. Die armen Schweine, die jetzt hinter ihren Schreibtischen schwitzen! Ich weiß, was die Rentner tuscheln, die ihre Dackel an mir vorbei um den See schleifen: Arbeitslos!! Liegt auf der faulen Haut!! Haben die eine Ahnung ...! Als freier Mitarbeiter ist man nämlich nie arbeitslos, man steht immer nur zwischen zwei Projekten ...

Aus den Augen ...: Thema Kündigungsschutz

Tja, Pech gehabt: Fällt leider für Sie als freier Mitarbeiter weg. Während der Arbeitgeber beim fest angestellten Mitarbeiter eine Kündigungsfrist einhalten und auf die soziale Situation des Arbeitnehmers Rücksicht nehmen muss, ist Ihr Auftraggeber nur an die vertraglich ausgehandelte Zeitspanne Ihres Auftrages gebunden. Darüber hinaus hat er keinerlei Verpflichtung, Sie auch nur einen Tag länger zu beschäftigen. Wird einem fest Angestellten je nach Dauer der Betriebszugehörigkeit noch der „golden handshake“ in Form einer fetten Abfindung gewährt, guckt der Freie in die Röhre bzw. erst mal nach, wie viel sich denn so in seinem Sparstrumpf befindet.

Warmer Regen – kalte Dusche: Thema zusätzliche Leistungen

Urlaubs- und Weihnachtsgeld, vermögenswirksame Leistungen, Erstattung von Umzugs-, Fahrt- und Mietkosten, Zuwendung bei Heirat oder Geburt – wie oft flutet ein warmer Sommerregen in die Geldbörsen unserer fest angestellten Kollegen. Bei freien Mitarbeitern ist da Ebbe in der Kasse und was den Urlaub angeht sogar „kalte Dusche" angesagt, denn sogar Ihre wohlverdiente Erholung vom Stress des Selbstständigen müssen Sie selbst finanzieren.

Und nun: Ihr Honorar

Kündigungsfristen, Abgaben, sozialer Schutz – alles nicht ohne, was da so auf Sie als Selbstständigen zukommt! Und natürlich müssen Sie diese Aspekte in Ihr Honorar mit einkalkulieren. Übrigens: Wir haben noch gar nicht ausgerechnet, wie viel Sie monatlich verdienen müssen, um prima über die Runden zu kommen! Und wie Sie bei der Honorarverhandlung genau diese Summe auch herausschlagen ...

Nach Adam Riese ... Was wollen Sie verdienen?

An den Anfang dieses Buches haben wir einen wichtigen Satz gestellt, vielleicht erinnern Sie sich:
Als freier Mitarbeiter sind Sie selbstständig tätig.
Jetzt, wo es um die Patte geht, mit der Sie monatlich Ihre Miete zahlen, sollten Ihnen dieser Status als Selbstständiger erst recht bewusst sein. Wir haben in diesem Kapitel schon gesehen, welche Leistungen für Sie wegfallen, wenn Sie aus dem Angestelltenverhältnis in die freie Mitarbeit wechseln. Und da Sie diese Leistungen ab jetzt aus der eigenen Tasche zahlen, sollten Sie eine knallharte und realistische Rechnung anstellen. Auf den Seiten können Sie nachlesen, welche Aspekte Sie dabei berücksichtigen müssen.

TIPP

Rechnen Sie sich genau aus, welche finanzielle monatliche Belastung für Versicherungen und Altersvorsorge auf Sie zukommt. Fragen Sie bei Ihrer Krankenkasse, was Sie eine freiwillige Versicherung kosten wird. Es lohnt sich auch ein Preisvergleich zwischen den Kassen: Bei gleicher Leistung zahlen Sie bei den Betriebskrankenkassen zurzeit (noch) einige Prozentpunkte weniger als bei der AOK oder den Ersatzkassen.

Ein Ungeheuer namens Steuer

Als freier Mitarbeiter und damit Selbstständiger werden Sie theoretisch für drei Arten von Steuern veranlagt:

- Die Einkommenssteuer
- Die Umsatzsteuer (Mehrwertsteuer)
- Die Gewerbesteuer

Natürlich gibt's hier auch gleich wieder Ausnahmen: Gewerbesteuerpflichtig sind Sie nämlich nicht, wenn Sie freiberuflich tätig sind und auch dann nicht, wenn Ihr Jahresgewinn unter der Freigrenze von zurzeit DM 48 000 (ca. € 24 000) liegt. (Nicht zu verwechseln mit dem Jahresumsatz, von dem ja Ihre Betriebsausgaben noch abgezogen werden müssen! Gewinn ist wirklich das, was unterm Strich übrig bleibt.)
Da es für freie Mitarbeiter und Freiberufler diverse Möglichkeiten gibt, Steuervorteile auszuschöpfen, lohnt es sich im Normalfall, einen Steuerberater zurate zu ziehen. Wer sich auf dem Gebiet selbst gut auskennt und Spaß daran hat, seine Steuererklärungen selbst auszufüllen, kann auf fundierte Ratgeber und Steuerprogramme für den Computer zurückgreifen, z. B. die Steuerprogramme von WISO, das „Steuer Office 2000/2001" und das „WISO Sparbuch", online bestellbar unter www.wiso.de im WISO-Shop.

Hört beim Geld die Freundschaft auf?

Gehören Sie auch zu den Leuten, die als Kind mal Sätze wie „Über Geld spricht man nicht“ oder „Beim Geld hört die Freundschaft auf“ aufgeschnappt haben? Dahinter steht meist eine ganz bestimmte Haltung: Über Geld reden gilt als unfein – lieber verzichtet man auf seine (berechtigten) Forderungen, als sich auf unschöne Konflikte einzulassen. Und am Ende steht man vor sich selbst auch noch als großzügig und edelmütig und bescheiden da. Was bei diesem Verhalten geleugnet wird, ist, dass Gespräche über Geld nicht zwangsläufig in unschöne Konflikte oder Schlammschlachten ausarten müssen, sondern konstruktive, sachliche Verhandlungen sein können – nämlich dann, wenn alle Beteiligten gut vorbereitet sind und Emotionen außen vor bleiben!

Wissen Sie, was Sie wert sind?

Etwa schon wieder Recherche? Richtig erkannt! Der erste Schritt zur Erkenntnis, was Sie wert sind, ist eine Vergleichsrecherche am Markt. Was wird branchenüblich für das von Ihnen angebotene Produkt bzw. die Dienstleistung gezahlt? Sprechen Sie mit Insidern, lesen Sie die Fachzeitschriften Ihrer Branche, geben Sie sich als Auftraggeber aus und lassen Sie sich von der Konkurrenz ein Angebot machen ...

Als Nächstes müssen Sie wirklich gut kalkulieren: Wie hoch sind Ihre monatlich anfallenden Fixkosten, und wie viel müssen Sie verdienen, um auf der Gewinnseite zu stehen? Können Sie es sich vielleicht sogar leisten, die Konkurrenz etwas zu unterbieten, um die Auftragslage zu verbessern?

Die wichtigste Voraussetzung für Ihre erfolgreiche Honorarverhandlung ist, dass Sie gut recherchiert haben und dass die Summe, die Sie verlangen, realistisch ist. Nur dann müssen Sie sich nicht in der Defensive fühlen, sondern bewegen sich auf dem sicheren Terrain, dass Ihre Vorstellung sich in einem vernünftigen, nachvollziehbaren Rahmen bewegt. Da man Ihnen diese Sicherheit anmerken wird, wird man nicht versuchen, Sie übers Ohr zu hauen.

Die Art der Vergütung eines freien Mitarbeiters ist unterschiedlich und richtet sich nach der Form der Zusammenarbeit. Mögliche Formen der Vergütung sind:

- das Stundenhonorar
- die projektbezogene Abrechnung
- das Festhonorar für ein Projekt
- die erfolgsbezogene Bezahlung in Form von Provisionen oder Umsatzbeteiligungen

Welche Art des Honorars für Sie als günstigste Zahlungsvariante infrage kommt, überlegen Sie sich gut, bevor Sie in ein Akquisitionsgespräch gehen. Außerdem haben Sie dank emsiger Taschenrechnertätigkeit eine bestimmte Summe errechnet, die Sie als Honorar erzielen wollen. Und dann geht's los mit der Verhandlung:

Fordern Sie nicht, geben Sie nach!

Peng! Sie knallen Ihrem Verhandlungspartner eine Zahl an den Kopf, er knallt zurück, dass das vollkommen undenkbar sei ... Ein harter, schneller Ballwechsel und – was nun?

Tja, schon haben Sie sich eindeutig in eine ganz blöde Situation hineinmanövriert. Wenn Sie jetzt von sich aus eine niedrigere Summe anbieten, wirken Sie sofort unglaubwürdig.

Sie sehen es schon: Das Problem an unserem Beispiel ist, dass es hier überhaupt keinen Verhandlungsspielraum gibt, in dem man sich argumentativ bewegen und einander annähern kann.

Unser Tipp: Nennen Sie deshalb keine feste Summe, sondern immer eine Honorarspanne, wobei sich die Spanne von Ihrem Wunschhonorar ausgehend nach oben öffnet. Wenn Sie also beispielsweise ein Festhonorar von DM 12 000 (ca. € 6 000) für ein Projekt bekommen wollen, dann sagen Sie, dass sich Ihre Vorstellungen zwischen DM 12 000 und DM 14 000 (ca. zwischen € 6 000 und € 7 000) bewegen.

Sprechen Sie klar und nachdrücklich, ohne aggressiv zu wirken. Die beleidigte Leberwurst sollte unbedingt zu Hause bleiben. Sätze wie:

„Wenn Sie das nicht zahlen wollen, können Sie sich einen anderen Dummen suchen“ sollten Sie nicht mal denken, geschweige denn aussprechen. Versuchen Sie immer, sachlich zu bleiben und die Argumente Ihres Gegenübers zu verstehen. Er hat Sachzwänge, Sie haben Sachzwänge.

Ihr Auftraggeber wird nun erwartungsgemäß damit argumentieren, dass die allgemeine Lage derzeit kritisch, die Auftragslage schwankend, die Wirtschaft von Krisen geschüttelt ist. Reagieren Sie, indem Sie ihm noch mal klar machen, wie effektiv Sie arbeiten und wie Umsatz steigernd und nützlich Sie für die Firma sein werden. (Überlegen Sie sich diese konkreten Argumente vorher! Brauchen werden Sie sie auf jeden Fall!)

Die ersten interessanten Bälle sind gespielt, Aufschlag Auftraggeber. Da Sie ja bereits Zahlen genannt haben, ist nun er am Zug. Haben Sie einen ausgebufften Verhandlungsgegner vor sich, wird er Ihr niedrigstes Angebot (also in dem Fall DM 12 000 oder € 6 000) aufgreifen, ohne mit der Wimper zu zucken. Er wird anerkennen, dass Sie sich so verständnisvoll für seine Sachzwänge gezeigt und „nachgegeben“ haben, indem Sie sich auf die angeblich niedrigste, für Sie vorstellbare Summe eingelassen haben. Dass es sich dabei genau um die Summe handelt, die Sie eigentlich haben wollten, muss er ja nicht wissen. Aber er darf es ruhig ahnen, denn Vertragsverhandlungen sind immer auch ein Spiel, und gute Taktik gehört bei einem erfolgreichen Spieler nun mal dazu!

Was ist aber, wenn sich Ihr Gegenüber nicht mal auf die DM 12 000 (bzw. € 6 000) einlassen will? Dafür kann es eigentlich nur vier Gründe geben:

- Ihre Arbeitskraft ist zu teuer für diese Firma, weil Sie z. B. zu hoch qualifiziert sind.
- Sie haben Ihrerseits nicht realistisch kalkuliert.
- Der Auftraggeber will Sie ausbeuten.
- Der Auftraggeber steht kurz vor der Pleite.

Hmm! Komplizierter Fall, den Sie in der konkreten Situation des Gespräches nicht lösen werden. Jetzt gibt es nur zwei Möglichkeiten: Entweder Sie können es sich leisten, ohne diesen Auftrag nach Hause zu gehen (wenn Sie noch andere Eisen im Feuer oder sowieso zu viele Angebote haben), oder Sie müssen diesen Auftrag „um jeden Preis" kriegen (wenn weit und breit kein anderer Auftrag in Sicht ist und Sie schon fast am Hungertuch nagen).

- **Möglichkeit 1:** Bedanken Sie sich höflich für das angenehme Gespräch, bedauern Sie, dass man nicht zueinander gefunden hat, dass Sie aber weiterhin allgemeines Interesse an dem Auftraggeber haben und sich gern mal wieder melden werden.
- **Möglichkeit 2:** Akzeptieren Sie das Honorar unter DM 12 000 (bzw. € 6 000), wobei Sie sich darüber klar sein müssen, dass Ihr Auftraggeber nun weiß, dass Ihnen das Wasser bis zum Hals steht – leider keine gute Grundlage für eine Geschäftsbeziehung unter gleichberechtigten Partnern, die auf Fortsetzung ausgelegt sein soll.

Fassen wir die einzelnen Schritte der Vorbereitung und Ihrer Honorarverhandlung noch mal in Kurzform zusammen:

Checkliste Honorarverhandlung

- *Sie entwickeln eine klare Honorarvorstellung.*
- *Sie erhöhen diese Summe zu einer Honorarspanne.*
- *Sie sind in der Lage, Ihren großen Nutzen für den Auftraggeber überzeugend darstellen.*
- *Sie zeigen Verständnis für seine Sachzwänge.*
- *Sie geben – wenn nötig – bis zur unteren Grenze der Spanne nach und erzielen so das ursprünglich anvisierte Ergebnis.*
- *Sie bleiben immer sachlich und höflich, auch wenn Sie sich nicht einigen können.*

Von Mahnungen und Ritualen

Viele freie Mitarbeiter können ein Lied davon singen: Die Zahlungsmoral der Firmen ist nicht immer das, was sie sein sollte, und immer sind es die „Kleinen“ am Ende der Zahlungskette, die darunter leiden müssen. Oft ist das Abschicken von mehreren Zahlungserinnerungen schon ein festes Ritual, das zum Spiel dazu gehört (und an das sich alle Beteiligten gewöhnt haben)!

Neue Rechtsprechung zum Thema Verzug

Seit Januar 2001 gilt das so genannte „Gesetz zur Beschleunigung von Zahlungsvorgängen“ (Art. 28, Abs. 3).

Es besagt, dass der Schuldner (also in unserem Fall der zahlungsfaule Auftraggeber) 30 Tage nach Eingang der Rechnung oder einer vergleichbaren Zahlungsaufforderung in Verzug gesetzt ist. Das, was früher die schriftliche Mahnung des freien Mitarbeiters mit Fristsetzung bewirkt hat, passiert jetzt automatisch. Vor Ablauf dieser 30 Tage können Sie den Schuldner nicht mehr in Verzug setzen. Die Folge ist: Sie können sich den Schreibkram sparen, da Mahnungen rechtlich sowieso keine Folgen mehr haben und – was nicht ganz so schön ist: Auftraggeber, die bis jetzt freiwillig prompt nach Eingang der Rechnung bezahlt haben, bekommen jetzt per Gesetz den „Freibrief", sich 30 Tage Zeit zu lassen. Der Fall liegt nur dann anders, wenn Sie vorher mit Ihrem Auftraggeber eine Zahlungsfrist (... zahlbar innerhalb acht Werktagen) oder einen festen Zahlungstermin (... zahlbar am 01.09.2001) *vereinbart* haben. Hier ist eine Vorab-Vereinbarung beider Seiten (am besten schriftlich) erforderlich.

Achtung Scheinselbstständigkeit

Seit 1998 gibt es das so genannte „Gesetz zur Scheinselbstständigkeit", das geschaffen wurde, um sparwütige Arbeitgeber daran zu hindern, ihre Arbeitnehmer in die Selbstständigkeit abzudrängen, um so ihre betrieblichen Fixkosten zu senken. Also zunächst mal eine lobenswerte Sache zum Schutz der kleinen Leute, nämlich uns.

Waren wir fest angestellt, z. B. als Kellner oder Kraftfahrer, und sind plötzlich bei gleicher Tätigkeit nur noch als freie Mitarbeiter beschäftigt und nicht mehr arbeitslosen- und sozialversichert, dann kann der Gesetzgeber das Bestehen eines regulären Arbeitsverhältnisses feststellen lassen.

Leider sieht die Realität häufig so aus, dass auch selbstständige Berufseinsteiger mit dem Gesetz zur Scheinselbstständigkeit in Konflikt kommen können. Beim Start in die freie Mitarbeit verfügt man eben noch nicht über einen riesigen Kundenstamm, sondern ist meist nur für einen einzigen Auftraggeber tätig. Und die Akquisition neuer Kunden und Auftraggeber ist eine zeitaufwendige Sache, die der freie Mitarbeiter parallel zu seiner Tätigkeit oft nicht leisten kann.

In die Scheinselbstständigkeitsfalle können auch die freien Mitarbeiter tappen, die freiwillig über einen längeren Zeitraum für einen Auftraggeber arbeiten. Für diese Gruppe von Selbstständigen ist es deshalb ganz entscheidend, die nachfolgenden Bedingungen zur Scheinselbstständigkeit für sich zu prüfen.

Scheinselbstständigkeit wird vom Gesetzgeber vermutet, wenn ...

- Sie keinen weiteren sozialversicherungspflichtigen Arbeitnehmer beschäftigen, der mehr als DM 630,–, das sind ca. € 315,– pro Monat verdient;
- Sie auf Dauer fast ausschließlich (zu mehr als 5/6) für einen einzigen Auftraggeber tätig sind;
- der Auftraggeber vergleichbare Arbeiten von angestellten Mitarbeitern erledigen lässt;
- Sie nicht unternehmerisch auftreten (z. B. Werbung, Homepage, eigenes Geschäftslokal)
- Sie zuvor bei Ihrem Auftraggeber angestellt waren und nun die gleiche Arbeit als freier Mitarbeiter durchführen.

Sind mindestens drei dieser fünf Kriterien erfüllt, darf Ihnen Scheinselbstständigkeit unterstellt werden. Können Sie allerdings schlüssig nachweisen, dass Sie trotzdem selbstständig tätig sind, werden Sie in die Kategorie der „echten" oder auch „arbeitnehmerähnlichen" Selbstständigen eingeordnet.

Echte bzw. arbeitnehmerähnliche Selbstständige

Die Zuordnung zu dieser Gruppe von Selbstständigen hat für Sie vor allem eine wichtige finanzielle Konsequenz: Um die gesetzliche Arbeitslosen- und Krankenversicherung kommen Sie zwar herum, aber arbeitnehmerähnliche Selbstständige müssen Beiträge in die gesetzliche Rentenversicherung einzahlen, und zwar ohne Unterstützung des Arbeitgebers: Arbeitgeber- und Arbeitnehmeranteil zur Rentenversicherung werden also aus Ihrem Einkommen entrichtet.

Glückliche Ausnahmen:

- Bei Pflichtversicherten in der Künstlersozialkasse übernimmt diese den Arbeitgeberanteil.
- Wenn Sie als Existenzgründer seit weniger als drei Jahren selbstständig tätig sind, entfällt für Sie in diesem Zeitraum die Rentenversicherungspflicht.

Nicht Fisch, nicht Fleisch – die sozialversicherungsrechtliche Prüfung

Puh, was für ein ekelhafter Zungenbrecher! Und was sich dahinter verbirgt, ist auch nicht viel angenehmer: Wem so etwas droht, der muss schlüssig nachweisen, dass er ein echter Selbstständiger ist. Gelingt das nicht, trifft es den Auftraggeber und den Scheinselbstständigen gleichermaßen: Die Beiträge zur Sozialversicherung müssen (wie beim festen Angestelltenverhältnis üblich) von beiden für die Dauer des Vertragsverhältnisses je zur Hälfte nachgezahlt werden. Eine größere Firma wird das vielleicht nicht gleich in den Ruin stürzen, aber Sie als Einzelkämpfer kann es hart treffen, vor allem, wenn Sie keine Rücklagen für solche Fälle gebildet haben.

Kriterien abhängiger Beschäftigung

Achtung, Achtung also bei folgenden Kriterien, die immer als ein deutliches Indiz für die Beschäftigung als abhängiger Arbeitnehmer interpretiert werden:

- Der Auftraggeber versucht, Sie in eine feste Betriebshierarchie einzubinden.
- Sie werden in Produktionsprozesse so eingebunden, dass Sie vorwiegend nach betrieblich vorgegebenen Schicht- und Arbeitsplänen arbeiten.
- Der Auftraggeber versucht, vertraglich ein Verbot von Nebentätigkeiten durchzusetzen.

Der Vertrag

Was dem Angestellten sein Chef, ist dem Freiberufler also sein Auftraggeber. Mit diesem muss er sich nun zunächst mal über Art, Umfang, Dauer und Honorar für die von ihm zu erbringende Leistung einigen. (Oder zumindest sollte er das, wenn er späteren Ärger vermeiden will!)

Normalerweise geschieht dies durch einen schriftlichen Vertrag, den so genannten freien Dienstvertrag oder auch freien Mitarbeiter-Vertrag. Die Möglichkeiten vertraglicher Ausgestaltung sind wiederum so vielschichtig, dass wir hier nur auf die wesentlichen Bestandteile eines Vertrages hinweisen können. Wenn Sie ein ungutes Gefühl dabei haben, sollten Sie gegebenenfalls einen Anwalt für Arbeitsrecht zurate ziehen.

Checkliste Vertrag

Ihr Vertrag sollte unbedingt enthalten:

- ***eine Leistungsbeschreibung: Worin besteht Ihr Auftrag bzw. Ihre Tätigkeit?***
- ***Terminangaben, bis wann der Auftrag erledigt sein soll.***
- ***Honorarvereinbarung.***
- ***Angaben über die Zahlungsweise und -zeitraum.***

Vorsicht bei Konkurrenzschutzklauseln und anderen Einschränkungen der Vertragsfreiheit! Es kann zwar unter Umständen sinnvoll sein, sich für die Dauer eines begrenzten Projektes zu verpflichten, nicht gleichzeitig für Konkurrenzfirmen tätig zu sein, aber darüber hinaus sollte man sich auf Einschränkungen dieser Art nicht einlassen, denn sie betreffen immerhin die eigene Existenzgrundlage! Denken Sie immer auch daran, dass es mit dem einen Auftraggeber auch mal schief gehen kann, und Sie dann wieder auf Aufträge der Konkurrenzfirmen angewiesen sind!

The tide

... von Ebbe, Flut und Feierabend

Es ist doch wie verhext! Mal sieht man vor Arbeit kein Land mehr, manchmal ist überhaupt nichts los, dann hat man plötzlich wieder Termindruck und gleichzeitig überhaupt keine Lust! Im Leben eines freien Mitarbeiters geht's zu wie auf der Achterbahn – wie soll man da eine Balance finden?!

is out

Spannung und Abenteuer

Das Fräulein vom Amt hat's gut. Ihr Leben ist von Regelmäßigkeit geprägt. Sie weiß, was sie zu tun hat, wenn sie morgens in ihr Büro kommt, sie kennt das Pensum an Arbeit, das sie täglich schafft, sie kann einschätzen, was der Vorgesetzte von ihr erwartet, nämlich dass sie ihre Sachen ordentlich erledigt wie immer ... Schnarch ... Sind Sie etwa eingeschlafen?! He, hallo! Nicht schlappmachen! Wir reden doch nur deshalb vom Amtsfräulein, weil wir das spannende, abwechslungsreiche Leben des freien Mitarbeiters – Ihr Leben! – dann umso besser würdigen können. Also, wieder wach? Na, da sind wir ja beruhigt! Ja, das spannende Leben ... Fragen wir doch mal ganz konkret nach:
Worin besteht für Sie eigentlich diese Spannung?

≈ Darin, dass Sie keine Routine erleben möchten?
≈ Darin, dass Sie nicht wissen, was morgen ist?
≈ Darin, dass Sie jeden Tag selbst Ihren Weg bestimmen können?

Na, das haben wir uns gedacht! Sie haben wagemutig alles angekreuzt! Aber haben Sie auch schon mal darüber nachgedacht, wie viel Energie so ein Leben frisst? Noch nicht? Na, dann sollten Sie jetzt damit anfangen. Im ersten Kapitel sind wir ja auf das Thema Freiheit schon mal eingegangen – die große Freiheit, die Sie einem fest Angestellten voraus haben.
Können Sie mit dieser Freiheit umgehen? Haben Sie Ihre Ziele klar definiert? Was für ein Arbeitstyp sind Sie? Welches Pensum an Arbeit schaffen Sie jeden Tag? Wie organisieren Sie Ihre Arbeitsabläufe? Wann kümmern Sie sich um neue Aufträge? Wie sieht's mit Urlaub und Freizeit aus?
Widmen wir uns doch mal den Themen Selbstmanagement, Selbstdisziplin und Umgang mit dem Faktor Zeit.

Selbstmanagement mit Erfolg

Selbstmanagement? Klar, eine verschwommene Vorstellung davon haben wir schon ... Aber das klingt doch auch wieder verdächtig nach Regeln, Disziplin, Kontrolle ... – wo bleibt denn da die viel gepriesene Freiheit?
Schon richtig, aber der entscheidende Aspekt dabei ist, dass die Regeln nicht von anderen für Sie gesetzt werden, sondern dass Sie selbst Ihr Leben bestimmen! Zugegeben, das klingt im ersten Moment ziemlich abgedroschen, und doch liegt gerade in der Verwirklichung dieses Ziels der Schlüssel zu Glück und Erfolg des freien Mitarbeiters.

Selbstmanagement im Klartext heißt:

- Ich setze mir ein Ziel.
- Ich mache mir einen Plan, wie ich dieses Ziel erreichen kann.
- Ich setze den Plan in die Tat um.
- Ich kontrolliere, ob mein Ziel und das, was ich erreicht habe, auch wirklich übereinstimmen, oder ob es Abweichungen gibt.

Ohne Ziel kein Sieg!

Das Wichtigste beim Selbstmanagement – Sie haben es schon rausgehört – ist also, zu wissen, was man überhaupt will, denn sonst wird man sehr schnell zum Spielball diverser Einflüsse von außen. Denken Sie an unser Beispiel der Honorarverhandlung! Ohne ein klares Ziel wären wir doch Wachs in der Hand des Auftraggebers gewesen und hätten unser Wunschergebnis niemals erreichen können. Deshalb:

- Formulieren Sie Ihre Ziele! Am besten schriftlich! Ohne Ziel kein zielgerichtetes Handeln. Erfolgreiche Menschen definieren für sich klar ein bestimmtes Ziel, und arbeiten dann – das Ziel immer vor Augen – konsequent an dessen Umsetzung.
- Stellen Sie einen Karriereplan auf! Überlegen Sie sich, wie Ihr Leben in den nächsten zwei bis fünf Jahren verlaufen soll. Was wollen Sie

in dieser Zeit erreichen? Welche berufliche Entwicklung soll stattfinden? Wo wollen Sie in fünf Jahren sein? Wie gesagt: Nur mit klaren Zielen werden Sie dort angekommen, ohne Ziel landen Sie irgendwo im Nirgendwo ...

Die harte Schule der Selbstdisziplin

Man gönnt sich ja sonst nichts ... Ja, Sie brauchen wirklich nicht zu jammern! Wir verstehen Sie ja. Wir wissen, wie schwer es ist, immer produktiv, selbstdiszipliniert und motiviert zu sein! Die Motivation ist dabei natürlich der erste Schritt. Viele freie Mitarbeiter müssen zum Arbeiten nicht mal die eigene Wohnung verlassen, sondern sich nur überwinden, statt die Blumen zu gießen, oder doch noch erst eine Waschmaschine Buntes anzuwerfen, sich wirklich und wahrhaftig an den Schreibtisch zu setzen. Dass diese paar Schritte so schwer fallen können!

Die Eigenmotivation im Frühstücksei

Stellen Sie sich vor, Sie köpfen mit Lust Ihr Frühstücksei und löffeln statt Eigelb und Eiweiß pure Motivation in sich hinein! Na ja, ganz so wörtlich müssen Sie das jetzt auch wieder nicht nehmen! Was wir damit meinen ist nur: Jeder Arbeitstag fängt mit dem Aufwachen an. Und dann? Wie starten Sie in den Tag? Ausgeschlafen, mit einem leckeren Frühstück, einer anregenden Zeitung, netten Gesprächen mit Freunden oder Familie – oder abgehetzt und gestresst?
Lassen Sie jeden Tag so nett wie möglich beginnen! Nehmen Sie sich Zeit, sich etwas Gutes zu tun. (Das gilt natürlich genauso für den Feierabend!) Leben Sie nach dem Motto: Man gönnt sich ja sonst nichts! Wenn Sie sich auf Dinge freuen, denken Sie automatisch insgesamt viel positiver, und dann macht auch die Arbeit mehr Spaß. Ihre gesamte (positive!) Lebenseinstellung trägt zum Erfolg Ihrer Arbeit bei! Diese beiden Aspekte lassen sich nicht trennen.
Zu Ihrer Lebensbalance gehört auch der Urlaub! Niemand kann auf Dauer erfolgreich und effektiv arbeiten, wenn er nicht Zeit für Entspannung mit einplant.

Unser Tipp: Egal ob Sie im Urlaub sind oder sich nur einen freien Nachmittag im Café gönnen ... Genießen Sie diese Zeiten, und rechnen Sie niemals nach, was Sie in diesen Stunden oder Tagen eigentlich hätten verdienen können!

Rituale – Legen Sie „Hasso" an die Kette!

Wer Schwierigkeiten mit „Hasso", dem inneren Faultierhund hat, kann seine tägliche Motivation mit Ritualen fördern. Wem feste Tagesabläufe erst mal in Fleisch und Blut übergegangen sind, der muss sich nicht jeden Tag aufs Neue von der Notwendigkeit zu arbeiten überzeugen. Zum Beispiel könnten Sie sich doch jeden Morgen eine Kanne Tee kochen und um Punkt neun Uhr den Computer einschalten!
Gut sind auch Rituale, die die Trennung von Arbeitstag und Freizeit erfahrbar machen. (Ein Mitarbeiter im Büro hat genau dafür seinen Nachhauseweg!) Gerade freie Mitarbeiter, die zu Hause arbeiten, schaffen es häufig nicht, eine klare Trennlinie zu ziehen. Je nach Gusto kann man zum Beispiel als festes Ritual einen täglichen Spaziergang oder eine kleine Radtour einbauen, um den Arbeitstag abzuschließen, sich eine Brise Frischluft durch die Birne pusten zu lassen und sich innerlich auf das Privatleben umzustellen.

Von Zeitkönigen und Zeitdieben

Ach so, eine Kleinigkeit noch! Bevor wir Sie zum Manager der Zeit befördern, müssen Sie noch eine kleine Aufgabe erfüllen. Nicht so faul, es muss sein! Wir möchten, dass Sie zwei Fragen beantworten:
1. Kennen Sie Ihren Auftrag wirklich?
2. Welcher Arbeitstyp sind Sie?

Ist Ihr Auftrag genau definiert?
Es geht also zunächst einmal um die zeitlichen Anforderungen, die Ihr Auftraggeber an Sie stellen wird. Prüfen Sie nach:

Checkliste Auftrag

- *Haben Sie eine genaue Vorstellung davon, worin Ihre Aufgabe (z. B. bei einer Dienstleistung über einen bestimmten Zeitraum) besteht?*
- *Ist genau definiert, was das Ziel oder Ergebnis Ihrer Arbeit (bei einem Projekt) sein soll, und wann dieses erreicht sein muss?*
- *Gibt es von der Auftraggeberseite her einen klaren Zeitrahmen, den Sie einhalten müssen?*
- *Sind Sie verpflichtet, Zwischenergebnisse vorzuweisen, und wenn ja, wie häufig und wann?*
- *Gibt es Absprachen darüber, wann welche Arbeitsschritte (z. B. bei einem Projekt) erledigt sein müssen?*

Wenn Sie alle Fragen mit „Ja" beantworten können, sieht die Sache doch schon ganz gut aus! Wenn nicht, gibt es Klärungsbedarf – wobei Sie natürlich vieles erst klären können, wenn Sie vor Ort sind, sich einarbeiten und die Organisation in der Firma kennen lernen. Soll Ihr Zeitmanagement aber funktionieren, dann muss es irgendwann soweit sein: Sie müssen wissen, welches Ergebnis zu welcher Zeit von Ihnen erwartet wird.

Welcher Arbeitstyp sind Sie?

Schön, da hätten wir also die eine Voraussetzung! Die andere sind Sie selbst! Ja, richtig gehört: Auf der einen Seite stehen die Vorgaben des Auftraggebers, auf der anderen Seite steht der kleine innere Schweinehund, den Sie täglich neu dressieren müssen! Oder sind Sie etwa ein echter Workaholic? Den außer Arbeit sowieso nichts interessiert? Nee, das glauben wir Ihnen nicht! Wir glauben, dass auch Sie zu den gequälten Wesen gehören, die sich immer mehr vornehmen, als sie eigentlich schaffen können, denen die Zeit durch die Finger rinnt ...!
Kommen wir also zur zweiten – ehrlich zu beantwortenden – Frage: Welcher Arbeitstyp sind Sie?

Sind Sie ...

- ≈ der „Morgenstund hat Gold im Mund"-Typ?
- ≈ der „Morgenstund hat Blei im Hintern"-Typ?
- ≈ Der „Freitag ab eins macht jeder seins"-Typ?
- ≈ der „Kommt Zeit, kommt Rat"-Typ?
- ≈ der „Was du heute kannst besorgen ..."-Typ?

Checkliste Arbeitstyp

- ***Zu welcher Tages- oder Nachtzeit sind Sie besonders effektiv? Wann sind Ihre Faultierzeiten, in denen Sie besser ein Schläfchen machen?***
- ***Arbeiten Sie gern regelmäßig jeden Tag in der gleichen Zeitspanne? Oder schaffen Sie Ihr Pensum besser, wenn Sie mal zwei Tage und Nächte am Stück schuften, und sich dann zwei Tage erholen?***
- ***Können Sie sich allein besser konzentrieren? Oder brauchen Sie zur Inspiration ein Team um sich herum?***

Wir wissen, dass die Tagesabläufe von freien Mitarbeitern extrem unterschiedlich aussehen können, und dass je nach Beruf und Branche viele Kriterien einfach vorgegeben sind. Ein Autor kann schreiben, wann es ihm in den Kram passt, weil er naturgemäß allein arbeiten muss; genauso muss ein PR-Berater sich nach den Kernarbeitszeiten seiner Kunden und seines Teams richten etc.

Deshalb sind unsere Fragen auch nur als Anregung zu verstehen, die eigenen Wünsche und Bedürfnisse für eine optimale persönliche Zeiteinteilung zu finden. Und die nächste Frage, die sich so logisch wie das Amen in der Kirche daran anschließt, lautet:

Lassen sich Ihre persönlichen Bedürfnisse mit den Vorgaben des Auftraggebers unter einen Hut bringen?

Wenn nicht, sollten Sie mithilfe Ihres Zeitmanagements ein Konzept erarbeiten, das die Erwartungen beider Seiten berücksichtigt. Das Ziel heißt: Sie können zu den für sich optimalen Zeiten arbeiten und der Auftraggeber bekommt pünktlich seine Ergebnisse.

Carpe diem – das Zeitmanagement

Was bedeutet das eigentlich genau – Zeitmanagement? Nun, kurz gesagt, dass Sie durch sinnvolle Planung und geschickte Einteilung Ihren Tag besser nutzen können. Für den freien Mitarbeiter, der ja (im Normalfall) nicht über die Kontinuität einer dauerhaften Beschäftigung verfügt, geht es nicht nur um die Planung für den Tag oder die Woche, sondern er sollte sich genauso Gedanken um seine Monats- und Jahresplanung machen.

Ach so, Sie sind nicht deshalb freier Mitarbeiter geworden, damit wir Sie jetzt in ein Korsett von Arbeitsplänen pressen?! Dann lesen Sie erst mal weiter, was die auf den ersten Blick so lästigen Pläne Positives in Ihrem Leben bewirken können!

Durch Planung gewinnen Sie Zeit!

Sie kennen die Redewendung: „Du hast ja keinen Plan!“? Ja genau, anders formuliert heißt es auch: „Du hast ja keine Ahnung, was abgeht!“ Wer sich morgens unkoordiniert in die Arbeit stürzt und das erledigt, was ihm gerade in die Quere kommt, läuft Gefahr, sich zu verzetteln, sich mit Peanuts aufzuhalten und wirklich wichtige Dinge zu übersehen. Außerdem steht am Ende eines solchen Chaostages häufig nur der Frust, dass man kaum was weggeschafft hat in Relation zu dem Riesenberg, der noch vor einem liegt. Haben Sie sich aber vorher ein Tagespensum gesetzt und dieses erfolgreich abgearbeitet, endet der Tag nicht mit Frustration, sondern dem befriedigenden Gefühl, alles geschafft zu haben, was Sie sich vorgenommen haben!

Machen Sie sich also einen Tagesplan, und zwar unbedingt schriftlich!

Ihr Tagesplan

- ***Listen Sie ein bestimmtes Pensum an Arbeit auf, dass Sie realistisch schaffen können.***
- ***Unterscheiden Sie zwischen dringenden und nicht so dringenden Aufgaben und setzen Sie Prioritäten.***
- ***Planen Sie mindestens 30% Zeit für Unerwartetes ein. (Störungen, plötzliche Verschiebungen in der Dringlichkeitsabfolge durch den Auftraggeber etc.)***
- ***Kalkulieren Sie Ihre Faultierzeiten mit ein.***
- ***Nehmen Sie sich für jeden Tag etwas vor, das Ihnen Freude bereitet!***
- ***Auch Ihr Feierabend muss in die tägliche Planung mit aufgenommen werden, denn schnell kommen private Aktivitäten wie Kino, Freunde treffen, Sport oder Entspannung zu kurz.***

Ihr Tagesplan besteht also aus drei „Zeitzonen“: der fest verplanten Arbeitszeit, der Pufferzeit für Unerwartetes und der privaten Zeit. Wie viel Prozent jede Zeitzone in Anspruch nehmen darf, hängt von Ihrer persönlichen Lebensplanung, von Ihren Vorlieben, von Ihren beruflichen und familiären Vorgaben ab. Die optimale Zeiteinteilung stellt sich auch erst nach einer Zeit des Ausprobierens ein. Zwei Vorteile sind durch einen Tagesplan aber immer gegeben:

Vorteile eines Tagesplans:

≈ Oft dauern Arbeiten länger, wenn man sich kein Zeitlimit dafür gesetzt hat, weil die Arbeitsdisziplin verloren geht. Deshalb: Einzelne Aufgaben definieren und sich selbst einen zeitlichen Rahmen für die Erledigung setzen!

≈ Wenn man sich ein bestimmtes Pensum pro Tag vorgenommen hat, arbeitet man konzentrierter und vermeidet konsequenter Störungen, denn man entwickelt den persönlichen Ehrgeiz, sein Pensum zu schaffen.

Natürlich wird es hin und wieder zu widrigen Umständen kommen, die Sie daran hindern, alle Punkte auf Ihrer Liste zu erledigen (am Nachmittag setzen hartnäckige Kopfschmerzen ein, es ist Sommerschlussverkauf oder Ihre Inlineskates brauchen dringend Auslauf ...). In diesem Fall wandern einige Punkte in die Rubrik „Unerledigtes" auf die Liste für den nächsten Tag. Damit Sie dieses Spielchen aber nicht unendlich fortsetzen, führen Sie zur Selbstkontrolle die Wochenpläne ein! Sie sehen schon, worauf wir hinaus wollen ...

Noch mehr Vorteile von Plänen:

≈ Durch Pläne erreichen Sie mehr Selbstdisziplin.

≈ Durch Pläne haben Sie jeden Tag/jede Woche eine Erfolgskontrolle über die eigene Arbeit.

≈ Durch Pläne bekommen Sie gleichzeitig eine laufende Dokumentation darüber, was Sie wann erledigt haben.

Zeitdiebe lauern überall

„Hasso", unser ziemlich ausgewachsener innerer Schweinehund, sorgt also wieder mal für unproduktive Faultierzeiten. Aber – nicht immer ist „Hasso" tatsächlich alleine schuld! Das Gefühl, nicht so produktiv zu

sein, wie man möchte, kann auch durch falsche Organisation, ungeeignete Arbeitstechniken oder fehlende Informationen entstehen.
Und dann gibt es auch noch die Feinde von außen, die unseren täglichen Arbeitserfolg untergraben, die immer stören und unsere Zeit verschwenden! Eigentlich ein Wunder, dass wir überhaupt noch was auf die Beine gestellt kriegen, denn sie lauern überall, diese verdammten Zeitdiebe! So wie Karius und Baktus unseren gesunden Zahnschmelz zersetzen, zerstören die Zeitdiebe unseren Tagesplan! Wirksame Bekämpfung der kleinen Monster: Ausfindig machen und ausrotten!

Checkliste Zeitdiebe

Ergänzen Sie die Beispiele mit einer Liste Ihrer persönlichen Zeitdiebe:

- *Kein Arbeitsziel gesetzt*
- *Fehlende Planung für den Tag*
- *Störende Telefonate*
- *Unangemeldete Besucher*
- *Privater Schnack mit Kollegen oder Freunden*
- *Fehlende Informationen, dadurch doppelte Arbeit*
- *Ungeeignete Arbeitstechniken*
- *Endlose Meetings*
- *Familiär bedingte Unterbrechungen (Kinder, Pflege älterer oder kranker Familienmitglieder)*
- *Persönliche Desorganisation*
- *Veraltete Hardware (z. B. Uralt-Computer oder Faxgerät, deren Bedienung unnötig Zeit kostet)*
- *Zu viel auf einmal tun wollen ...*

So! Und jetzt sind Sie mit Ihren schlimmsten „Zeitdieben“ dran!

Gefahr erkannt – Gefahr gebannt? Tja, ganz so einfach ist es meistens leider nicht, denn Zeitdiebe haben sich häufig sehr hartnäckig in unserem Leben eingenistet! Aber mit dem Auflisten haben Sie sich bewusst gemacht, wo Ihre Zeitfallen liegen – und damit ist der erste Schritt getan. Als Nächstes überlegen Sie sich zu jedem Zeitdieb mögliche Lösungen bzw. alternative Vorgehensweisen: Beispiel Arbeitstechniken – wie können Sie Ihren Arbeitsfluss verbessern? Welche Arbeitsschritte können Sie systematisieren? etc. Schreiben Sie Ihre Ideen auf, wählen Sie die Beste aus und probieren Sie sie aus. Sie werden schnell feststellen, dass sich Ihre Zeitdiebe im veränderten Tagesablauf gar nicht mehr so wohl fühlen und sich lieber woanders niederlassen ...
Tipp: Nehmen Sie sich nicht zu viel auf einmal vor! Versuchen Sie, einen Zeitdieb nach dem anderen zu eliminieren, Schritt für Schritt. Und genießen Sie Ihre Zwischenerfolge, Sie haben es sich verdient! Schon bald werden Sie unangefochtener Zeitkönig sein!
Ein Gedanke zum Abschluss, dann sind Sie endgültig in die „Selbstständigkeit" entlassen und müssen – ausgerüstet mit unseren Tipps und Tricks – allein klarkommen!
Pläne, Disziplin, Routine ... Das ist ja alles gut und schön, und bestimmt wichtig für Ihren beruflichen Erfolg – aber vergessen Sie nie, abends mal nachzuschauen, ob Ihr Tag auch wirklich die Bestnote verdient hat!

≈ Haben Sie Ihre Zeit heute sinnvoll ausgefüllt?
≈ Sind Sie heute glücklich gewesen?
≈ Hat Ihnen das, was Sie getan haben, Spaß gemacht?
≈ Sind Sie Ihren Zielen ein Stück näher gekommen?
≈ Haben Sie auch etwas für *sich* getan? (Hobbys, Sport, Familie ...)

Wie gesagt, beruflicher Erfolg ist prima, aber er ist eben nicht das Einzige auf der Welt, auch wenn man als Selbstständiger manchmal das Gefühl hat, es gäbe nichts anderes mehr ...
Wir meinen: Das Wichtigste ist, dass Sie jeden Tag, jede Minute – na gut, sagen wir, so oft es irgendwie geht – glücklich und mit Ihrem Leben zufrieden sind. Daran sollten Sie vor allem anderen arbeiten!

Register

Dank

An dieser Stelle möchte ich mich ganz herzlich bei allen bedanken, die mich bei der Erstellung des Buches tatkräftig unterstützt haben.

Mein ganz besonderer Dank gilt Susanne Kliem, ohne deren spritzige Ideen dieses Buch nicht zustande gekommen wäre.

Wenn Sie weitere Informationen zum Thema Bewerbung haben möchten oder an individueller Karriereberatung und Coaching interessiert sind, können Sie sich direkt an mich und mein Team wenden:

[beruf+konzept]
Belziger Str. 27
10823 Berlin

Telefon:	0 30/85 07 76 56
Fax:	0 30/85 07 76 57
E-Mail:	info@beruf-konzept.de
Homepage:	http://www.beruf-konzept.de

Sabine Hertwig